U0584339

高校体育教学创新理论与实践

景固平 ◎著

吉林出版集团股份有限公司

全国百佳图书出版单位

图书在版编目（CIP）数据

高校体育教学创新理论与实践 / 景固平著. –– 长春:
吉林出版集团股份有限公司, 2023.10
ISBN 978-7-5534-9406-7

Ⅰ.①高… Ⅱ.①景… Ⅲ.①体育教学—教学研究—
高等学校 Ⅳ.①G807.4

中国国家版本馆CIP数据核字(2023)第195430号

高校体育教学创新理论与实践
GAOXIAO TIYU JIAOXUE CHUANGXIN LILUN YU SHIJIAN

著　　者/　景固平

出 版 人/　吴　强

责任编辑/　金方建

开　　本/　787 mm × 1092 mm　1/16

印　　张/　11.5

字　　数/　200千字

版　　次/　2024年 7月第1版

印　　次/　2024年 7月第1次印刷

出　　版/　吉林出版集团股份有限公司

发　　行/　吉林音像出版社有限责任公司
　　　　　　（吉林省长春市南关区福祉大路5788号）

电　　话/　0431–81629679

印　　刷/　吉林省信诚印刷有限公司

ISBN 978-7-5534-9406-7　　定价　58.00元

如发现印装质量问题，影响阅读，请与出版社联系调换。

前　言

在当前这个高速发展的社会中，创新是促进发展的重要动力，没有创新就没有发展，对此，国家构建了创新体系，其中包含非常丰富的内容，涉及知识、技术、制度、管理等各个方面，创新教育也是其中的内容之一。所谓的创新教育，实际上就是使整个教育过程被赋予人类创新活动的特征，并以此为教育基础，达到培养创新人才和实现人的全面发展的目的的教育。创新教育的核心内容在于对学生综合能力、探索精神、创造意识和能力的培养与建立，这与高校公共体育教学的理念是相适应的。

随着体育事业和教育事业的不断发展，学校体育，尤其是高校体育，也取得了较好的发展和成效，但是，由于长期受传统体育教学思维的影响，当前高校体育的发展受到了一定的制约。从某种意义上说，高校公共体育教学要想得到进一步发展，创新是必经之路。创新教育战略的实施，为高校体育教学提供了良好的发展环境，也在理念和内容上为高校公共体育教学的发展提供了必要的依据和支持。鉴于此，笔者特意撰写了本书，希望能够为大家研究此方面的课题提供借鉴。

本书立足高校体育教学创新的理论和实践两个方面，首先对高校体育教学创新理论基础及高校体育教学创新体系的构建进行了简要概述，然后对高校体育教学创新实践的相关问题进行了梳理和分析，包括教学内容的创新、教学模式的创新、教学手段的创新、教学方法的创新、教学评价的创新等。本书论述严谨，结构合理，条理清晰，内容丰富，不仅能够为体育教学提供详实的理论知识，同时能为当前的高校体育教学创新与实践相关理论的深入研究提供借鉴。

在撰写本书的过程中，笔者参考和借鉴了一些知名学者和专家的观点及论著，在此向他们表示深深的感谢。由于水平和时间所限，书中难免会出现不足之处，希望各位读者和专家能够提出宝贵意见，以待进一步修改，使之更加完善。

|目　录|

|第一章|

高校体育教学创新的理论基础

第一节 体育教学创新的概念、特征与内涵

在现代社会快速发展的背景下，社会各个方面的发展都需要创新人才，而创新人才的培养则需要创新的教育理念与思想。创新教育理念与现代社会发展是相契合的，在这一理念的指导下，社会各项事业才能获得更进一步的发展。这里重点阐述创新教育的基本理念及其发展背景，以帮助人们更加深刻地认识与了解创新教育的内涵。

一、创新教育的概念

（一）创新

一般来说，"创新"一词的含义主要包括两个方面，即引入新概念和革新。经济学家约瑟夫·熊彼特将"创新"的概念引入经济学之中，并使之成为较有影响力的经济理论。他首先在《经济发展理论》一书中提出了"创新理论"，之后又在各著作中加以应用和发挥，丰富和完善了创新理念。所谓创新，在他看来主要包括五个方面：引进新产品；引用新技术，即新的生产方法；开辟新市场；控制原材料的新供应来源；实现企业的新组织。按照这一观点，"创新"就是"建立一种新的生产函数"，把一种从来没有过的关于生产要素和生产条件的新组合引入生产体系之中。

后来，经过一段时间的发展，熊彼特的创新理论在经济发展中起到了非常重要的作用，突出了知识创新的地位。美国著名战略研究专家德伯拉·爱弥顿曾经提出，知识创新是指新思想产生、深化、交流并应用到产品（服务）中去，以促使企业获得成功，国家经济活动得到增强，社会取得进步。自此以后，知识创新这一理念受到世界各个国家的广泛关注，

这也从侧面推动了创新教育理念的深入发展。

美国著名管理学家德鲁克认为，创新就是赋予资源以新的创造财富能力的行为。他认为创新有两种：一种是技术创新，即在自然界中为某种自然物找到新的应用，并赋予新的经济价值；另一种是社会创新，是在经济与社会中创造一种新的管理机构、管理方式或管理手段，从而在资源配置中取得很大的经济价值与社会价值。德鲁克关于创新的理论认为，社会创新与技术创新有所不同，技术创新必须以科学技术为基础，而有些社会创新并不需要科学技术。二者相比，社会创新的难度要更大一些，其影响力也比技术创新大。因此，德鲁克关于创新的观点认为，创新是一个经济学的或社会学的术语。20 世纪末，经合合作与发展组织发表的《技术创新统计手册》认为，创新的概念非常广泛，在社会任何经济部门都可能发生创新，因此，根据不同的划分标准，创新就有不同的概念和分类。

德国著名社会学家沃尔夫冈·查普夫认为，创新理论可以分为以下七大类。

第一，在企业经济学中，创新是企业内部的组织变化，它们或者改变了劳资关系，或者全面改组机构。

第二，在职业研究中，创新是新的服务行业，它们或者作为生产和推销新产品的补充，或者作为产品的替代，或者完全是一种新的产品，在规划、设计、培训、治疗、组织、咨询等方面提供专业服务。

第三，以技术作为创新，为了解决社会问题，将技术装备和服务结合起来。

第四，自发产生的发明作为创新，即克服创新阻力的方法是使相关人员参与到创新计划中去。

第五，政治创新。政治创新是超出常规的重大创新，对体制或整体社会具有影响力，并且在某种意义上说是持久的影响力。

第六，以满足新的模式需要作为创新，即创新意味着对市场商品、市场服务以及国内生产份额的每一次显著的分配。

第七，以新的生活方式作为创新。生活方式是个人组织其资源支出，既要满足需求，又要表达价值观和身份要求。

综上所述，创新是一个广泛的概念，包括各种类型，如观念创新、制度创新、组织创新、管理创新、教育创新等。这些创新包括社会生活活动的各个方面。创新不仅仅指新出现的事物，而且也包括对旧事物的改造。可以说，创新是人们根据一定目标，在相关客观规律的影响和指导下，运用已有的知识储备和长期积累的经验，根据自己的设想创造出的新事物或对旧事物加以改造，使之具备新事物的特征的智力活动过程和行为。

尽管不同的专家学者对创新的概念存在一定的分歧，但他们都肯定了创新是更新、制造新的东西或改变某种东西。从更抽象的哲学意义上来看，创新是人类永恒的社会活动，是人类主体性的具体体现。创新在整个人类发展历史中产生了巨大的推动作用，从原始社会到现代文明社会，人类的进步和发展无一不是创新的结果，尤其是发展到现代社会，新发明、新技术、新工艺、新创造的不断涌现，都是创新的成果。创新意味着伴随人类文明的进步，人类社会出现的一系列新的发展和变化。对于个体而言，创新就意味着个体生命质量的提升。通过创新，人们在改造客观世界的同时，也在改造自己的主观世界，使自身不断获得进步与发展。可以说，创新是人类的本性和本质特征。在社会发展的过程中，人具有极大的可塑性，人们善于通过生活、活动、实践获取知识、经验来充实与发展自我，进行创新。在社会不断发展和进步的背景下，人们不会停留在某一阶段或某一件东西上，而是总是通过自己的实践再生产、再创造，促使事物获得更进一步的发展，这就是创新。

（二）教育

关于教育的概念，《现代汉语词典》中有两种解释：一是指"按这一定要求培养人的工作，主要是指学校培养人的工作"；二是指"用道理说服人使照着（规则、指示或定要求等）做"。前者属于狭义概念，后者则是广义上的概念。

从广义上而言，教育普遍存在于人们的各种生产、生活活动之中，通常来说，凡是一切增进人们知识、技能、身体健康以及形成和改变人们思想意识的过程，都可归结于广义的教育。而狭义的教育则是人类社会发展到一定历史阶段的产物，人类社会发展到一定阶段，教育活动开始从社会其他活动中分化出来，成为一种独立的过程。与社会其他活动不同，教育有着非常特殊的功能，即教育活动是通过培养人的活动而作用于社会，使得社会获得持续性发展。教育的具体过程是：一部分人以某种特定的影响作用于另一部分人的身心。它的直接目的是要使人的身心发生预期的发展和变化，获得预期要求的品质和特征。

狭义的教育是指教育者按照一定的社会要求和人自身发展的要求，向受教育者的身心施加有目的、有计划、有组织的影响，使受教育者发生预期变化的活动。从这一概念可以看出，狭义的教育过程主要包括教育者、受教育者和教育影响三个要素。其中，教育者是教育实践活动的主体；受教育者是教育实践活动的对象；教育影响是教育者和受教育者之间的一切中介的总和。这三个方面的要素相互联系、相互影响，共同构成了教育的本质。

综上所述，狭义的教育包含在广义的教育概念之中，而其中的某些特征是广义的教育所不具备的。通常情况下，狭义的教育就是指学校教育。

（三）创新教育

在创新教育讨论中，价值取向说受到整个社会的广泛关注。根据这一学说，创新教育是指"在基础教育阶段以培养人的创新精神和创新能力为基本价值取向的教育实践"。其核心是在实施素质教育的进程中，为了紧跟时代发展的潮流，着重研究学生的创新意识、创新精神和创新能力。虽然这一概念只针对基础教育，但从教育目的的角度去定义创新教育，依然具有普遍意义。换句话说，创新教育的定义虽然是针对基础教育提出的，但对高等教育乃至职业教育、成人教育等同样具有普遍意义。由此可见，创新教育的这种价值取向说定义有着非常深刻的影响。

从教育哲学角度而言，创新教育研究的教育转向说在学术界也产生了较大的影响。这一学说认为创新教育是从守成性教育、维持性教育到创新性教育的转向，是从注重教育的文化传承功能向注重教育的文化革新功能的转向。这一转向涉及教育目标、教育内容、教育原则、教育方法、教育评价标准的全面的、根本性的变革，是教育功能的重新定位，是带有全局性的、结构性的教育革新和对教育发展的价值追求。严格来说，这一概念还不能作为创新教育的定义，但由此形成的教育转向论却有助于我们认识与理解创新教育的实质。

随着素质教育的不断发展，创新教育与素质教育之间的关系越来越密切，长此以往，便形成了素质教育说。创新教育，应该说是创新素质教育，是一种关于培养人的创新能力的教育。它是以激发人的创造本性为前提，以传授现代科学知识信息、训练创造性思维、学习创造技法为内容，以开发人的创造潜能、培养人的创新精神和实践能力、发展人的创造力、促进他们创新能力的发挥，并促进人的整体素质发展为目的的新型教育。

在创新教育概念的定论方面，理论界持素质教育说观点的人较为普遍。有人认为，创新教育是指在基础教育阶段以培养人的创新精神和创新能力为基本价值取向，以发展人的创新潜能、弘扬人的主体精神、促进人的个性和谐发展为宗旨，以研究和解决如何培养学生的创新意识、创新思维、创新能力以及创新个性为主要目标的教育理论和方法。通过对传统教育的扬弃，探索和构建一种新的教育理论和模式，并使之逐渐丰富和完善，使学生在牢固、系统地掌握科学文化知识的同时，发展他们的创新能力。因此，创新教育是素质教育的重要组成部分。理论界有人认为，以培养学生创新精神为首要目标的创新教育，其重心在教学思想、模式、内容和方法层面上。作为深化创新教育教学改革、全面推进素质教育的突破口，其核心是通过学校的各种教育形式，培养学生再次发现知识的探索精神，培养重新组合知识的综合能力，以及准备"首创前所未有"事物的创造意识和创造能力。由此可见，创新教育也应归结于素质教育的重要组成部分。

综上所述，创新教育是素质教育的重要组成部分。它是以人为本的个性化教育。创新教育是人的个性发展和知识经济时代的需要，以激发和挖掘人的创新意识为核心，以弘扬人的创新精神、形成人的创新能力、全面提高人的创新素质为目的，以培养创新人才为目标，通过对传统教育的改革和创新，探索和构建的新的教育模式。

总之，通过以上对创新教育的认识，可以将创新教育定义为：创新教育是依据人的个性发展，通过教育过程，以启发诱导的教育方式为手段，以激发和开拓人的创新意识为核心，以提高人的创新精神、创新能力为重点，以提高人的整体素质为目的，全面落实创新人才的培养目标。

二、创新教育的特征

特征是指一事物区别于其他事物的不同特性。创新教育与传统教育之间有一定的区别。总体而言，与传统教育比较，创新教育具有以下基本特征。

（一）主体性特征

创新教育的主体性是指创新教育行为的主体性特点。由于创新活动依赖于主体的外化过程，是由主体这个内因起作用，离开了这个内因的作用，任何有利于创新的外因都将失去意义，由此可见，创新教育行为的主体性是外因通过内因而起作用的。创新教育的主体性强调教育要尊重学生的主体地位，重视学生的人格发展和个性独立。

创新教育要求学生积极主动地去获取知识，对社会中的各种信息进行提炼和加工，探索多种可能和结果。传统教育偏重于使学生通过获得既有的知识和经验来解决已经发生的问题，重视学生的模仿和继承功能。而创新教育提倡学生有目标、有选择地学习，不满足于对现成知识的获取，能创造性地运用所学知识去适应新情况和解决新问题。

总之，创新教育的主体性主要体现在两个方面：一是要唤起学生的主体意识；二是要发挥学生创新的主体精神。在创新教育理念下，创新活动不是教师强加给学生的，而是学生积极创造性的活动。

（二）全体性特征

创新教育的全体性是指创新教育对象的全体性。它是由知识经济时代教育的基础性地位所决定的。知识经济是以现代科学技术为核心，建立在知识的生产、处理、传播和应用基础上的经济，是一种以知识为基础的经济。这里的知识创新在其经济增长方面呈现为关键性因素。而知识创新主要依赖于高素质创新人才的创新活动。学校教育就是培养和造就这种高素质创新人才的摇篮。这种基础性地位的摇篮性质就决定了创新教育必须面向全体学生，不能再像过去那样的教育只面向少数学生。过去面向少数学生的应试教育，阻碍了学生创新能力的培养，学生的创新意识、创新精神也无从谈起。因此，在当前的教育背景下，必须坚持创新教育，不断加强学生创新精神与创新意识的培养，这样才能促进人与社会的共同发展。

（三）共融性特征

创新教育的共融性，是指创新教育努力塑造智商和情商的和谐共融，锤炼完美健全的理想化人格。在传统教育理念下，学生处于被动地位，个性难以得到展现，在教学活动中，各种行为受到压抑，不能获得健康发展。而创新教育则追求人格发展的和谐性与特异性的统一。所谓人格发展的和谐性，就是注重德、智、体、美在学生身心发育中的有机渗透，培养其矢志不渝的人生信念、坚忍不拔的奋斗意志、锲而不舍的顽强精神、高尚纯洁的道德品质、超尘脱俗的审美理想、宽广渊深的文化素养和敏捷灵巧的生活技能。所谓人格发展的特异性，即指从事未来创造性工作所必备的独特精神品质，主要包括独立的个性和人格、破除旧思想的批判精神、富于变通的灵活态度、博大宽广的胸怀等。创新教育就体现出个性发展的和谐性和人格发展的特异性特征。

（四）全面性特征

创新教育的全面性是指创新教育的内容具有全面性的特点。创新教育的全面性是由创新活动的规律和特点所决定的。创新教育的内容有很多，其中思想创新、方法创新、知识创新、技术创新等都是重要方面。创新教育并不是独立的，而是建立在素质教育基础上的全面性教育。因此，把创新教育局限于某一课程、某几个或部分学生，是与素质教育目标相悖的。创新教育必须贯穿于所有的学科教育之中，即把创新教育贯穿和渗透到德、智、体、美等各育之中，并且在教育的内容上注重整体的结构性。在素质教育的今天，创新教育要培养学生的创新素质，包括创新意识、创新精神、创新兴趣、创新能力等方面。

（五）环境宽松性特征

创新教育环境的宽松性是指创新教育必须创设一个有利于学生创新与成长的宽松环境。创新教育环境的宽松性是由创新人才成长的规律和特点所决定的。美国著名心理学家阿瑞提指出：文化手段的便利、对文化刺激的开放、对不同观点的容纳、接受不同的甚至对立的文化刺激等几个社会文化创造因素，直接影响创新人才创新力的发展与发挥。创新必须有良好的创新环境，创新教育首先要在社会、学校和家庭中创造有利于学生创新意识、创新精神、创新能力培养和发展的宽松环境，造成学习上自由讨论、观点上兼容并蓄、开拓上行为解放、探索上大胆尝试的良好氛围，使创新思想大迸发，创新精神大发扬，创新活力大奔放，为创新人才脱颖而出创造良好的创新教育环境。

（六）创新性特征

创新教育的创新性主要指创新教育目标具有创新性的特点，它是有别于应试教育的"应试性"的。应试教育的目标，是为适应升入高一级学校的需要，最后把学生培养成"英才""专才""专家"。创新教育的目标就是要着重培养具有创新精神和创新能力的创新型人才，因而，必须彻底改革应试教育，通过创新教育，使学生接受全方位的教育，培养出具有创新精神的人才。

（七）实践性特征

创新教育还具有重要的实践性特征。创新教育的实践性特征主要表现在以下三个方面：

第一，创新教育注重对受教育者实践能力的培养，使之具有"征服自然、改造社会的本领"。

第二，创新教育强调对受教育者社会活动能力的培养，即具有在社会实践中进行交往、公关和从事社会活动的能力。

第三，创新教育强调受教育者处理社会问题的经验、技巧与技能的掌握和习得，从而能够较好地适应社会生活，从事社会实践活动。

三、创新教育的内涵

关于创新教育的概念，目前还没有统一的定论，不同的人有不同的看法，但关于创新教育的内涵，诸多专家与学者达成了一致，主要包括以下几个方面。

（一）创新教育是一种现代教育思想和教育理念

创新教育是一种现代教育思想，是指它相对传统的以传承知识为基本价值取向的教育思想而言的。创新教育是以培养人的创新精神和创新能力为基本价值取向的。由于教育思想方面存在一定的差异，因此人们所追求的教育目标及遵循的教育方法、目的等也存在较大的差异。日本当代教育家恩田彰教授概括了传统教育与创新教育思想的基本区别。他认为，传统教育的培养目标是使学生获得教师和教科书上的知识并加以积累；而创新教育则要求学生对教师和教科书中的知识进行批判的吸收，从中发现问题，并自己动手解决问题，培养创新意识与创新能力。传统教育思想强调教师要"传授知识，教会知识"；而创新教育则要求教师不仅要"启发研究"，而且要"诱发才能"。在传统的教育思想的引导下，学生学习的方法目的是"学习知识，了解知识"；创新教育则要求学生在学习的方法目的方面，不仅要"研究知识"，而且要"深入挖掘知识"。传统教育思想的特征，概括地说，是"在现有知识的范围中，培养模仿力，解决同类问题"。而"超越现有知识范围、培养独创力、解决新问题"则突出反映出创新教育的基本特征。所以说，创新教育是一种现代教育思想和教育理念，是符合现代社会发展潮流的教学理念。

（二）创新教育的本质是突破传统，革新与发展

可以说，每一种新思想的提出都是对过去旧思想的扬弃，但提倡创新教育并不是否定有着悠久历史的传统教育。创新离不开传统，传统孕育着创新。创新一旦成熟，也会演进为传统。这是传统和创新的辩证统一关系。创新教育理念的新颖性是以传统教育的坚实性为基础的。倡导创新教育，并不是在目前教育运行体制外另起炉灶、改铺新路，而是以适应新时代的教育思想和理念去推动教育事业的创新发展。

（三）创新教育是一种新的教育原则

在现代教育发展的今天，创新教育越来越重要。教育原则是教育思想的浓缩和凝结。如从夸美纽斯的教育应适应自然的教育思想中，人们概括出直观性原则、循序渐进原则；杜威的"教育即生长""教育即生活""教育即经验的不断改造"思想，与德国教育家第斯多惠从其师范教育的思想中提炼出教学的教育性原则、活动性原则密不可分；孔子因人施教思想凝结成因材施教的原则；等等。20 世纪 50 年代以来，传统教学理论和社会对教育新的要求之间的矛盾日益突出。在这一形势下，世界各国的教育家对学校教育教学原则进行了新的研究，并提出了适应社会需要和反映教育目的的新的教育原则，即注重创新精神与创新能力的培养原则，这条教育原则可以简称为创新教育原则。因此，作为一种教育

原则，创新教育必须以学生为中心，以培养学生的创新精神和创新能力为主，促进学生积极主动地去学习，这样才能促使学生综合素质的发展和提高。

(四) 创新教育是教育教学改革的实践

创新教育属于教育教学改革的实践活动。这是因为，作为一种实践活动的创新教育，主要指学校为培养学生的创新精神与创新能力在教育教学方面的具体安排和策略。学校创新教育不仅渗透在课堂教学活动中，而且还包括培养学生创新能力的专门活动，以及社会教育机构协同开展的一系列教育教学实践环节。辩证唯物论的认识论认为，实践和认识是密切地联系在一起的，是辩证统一的关系。"辩证唯物论的认识论把实践提到第一的地位，认为人的认识一点也不能离开实践，排斥一切否认实践重要性、使认识离开实践的错误观点。"从总体上说，人们正确思想的形成、科学文化知识的获得，都离不开社会实践。人们往往把学校作为培养学生创新精神与创新能力的唯一机构，但事实上，创新教育是一项系统工程，需要社会各方面、各系统密切配合。培养学生创新精神和创新能力，不仅要通过学校课堂教育教学，而且要通过大量的科技实践活动，因此说创新教育是一系列教育教学改革的实践活动，对于学校教育的发展具有重要意义。

第二节　体育教学的创新理念

一、"以人为本"的教学理念

新时期高校体育教学改革与发展需要科学的体育教学理论作指导。只有充分了解体育教学特点、规律，认清体育教学的本质特征与体系构成才能进一步优化体育教学。新的体育教学理念从教学观念上为体育教学工作者更深入地认识体育教学提供了理论指导，在新的体育教学理念的指导下，体育教学中的很多问题可以得到有效解决，从而促进体育教学的进一步发展与完善。这里就重点对新时期的体育教学理念进行分析，以为体育教师更好地认识体育教学、开展体育教学活动提供启发和指导。

（一）"以人为本"教学理念的概述

1."以人为本"的基本内涵

"以人为本"思想在古今中外均有所提及，只是一直到近现代才发展成为一个系统的思想，在教育教学领域成为一个固定的名词。

（1）我国古代的"以人为本"思想

在我国古代有着最早的学校和体育教育，一些思想家所提出的教学思想与现代的"以人为本"教学理念有着相通的思想内涵，只是当时的各种教育教学思想并没有形成一个系统化的理论体系。

早在商周时期，先人就提出了"民本"思想，指出人民是国家的基础，这是我国古代教育家和思想家重视"人"的重要体现。

春秋时期倡导的"仁者爱人""以民为国家之本"等思想都与"以人为本"教学理念有着密切联系，只是当时对人的关注更多的是政治意义的体现，在教育方面并没有系统地显现出来。

（2）现代"以人为本"思想内涵的解析

人本主义思想引起社会学家和思想家的重视，并不断有思想家提出新的"人本"观点，对"人本主义"学说进行丰富。

在我国体育教育教学领域，"以人为本"教学理念指出，教育应落实到"育人"和"促进人发展"上，这对我国传统体育过度重视竞技体育成绩取得、用体能训练和技能训练代替体育教学、体育教学重视竞技体育人才培养和为竞技体育运动发展服务等错误的教学思想进行了否定。

新时代的体育教育坚持"以人为本"教学理念，教育的出发点、中心以及最终归宿都是"人"，教育的目的是"人的发展"，教育以人为基础和根本。"以人为本"的发展观要求在教育过程中将人的自由、幸福、和谐全面发展以及终极价值实现重视起来，要求体育教育突破机器的教育模式，真正转变为人的教育。教育是人的自我实现、自我理解以及自我确认的过程，而不是用金钱标准衡量现代人的自我价值和自我尊严。

将"以人为本"的基本发展理念融入体育教育，是人类社会协调和可持续发展的基本要求和重要内容。21世纪的竞争的根本是"人才"之间的竞争，而人才的培养是依靠教育来实现的，各级学校贯彻落实科学发展观，坚持"以人为本"，是学校体育教学发展的必然趋势与必然要求。

2."以人为本"的理论基础

"以人为本"教学理念的提出是在现代人本主义教育思想的基础上发展起来的。人本主义教育思想的产生，源于对现代科学发展中人对科学产品的使用和在智能化时代发展过程中对人的价值的丧失的思考。

进入20世纪后，随着科学技术的快速发展，科学主义成为当代教育发展的主流。20世纪50年代的教育改革中，各种教学思想、教学观点层出不穷，其中，认知心理学和行为主义给人性的认识分析带来困惑。教育工具化，接受教育、获取知识的兴趣的快乐体验无法得到重视，教育单纯成为人们获得更高技能与认可的一个途径。

也正是在科学技术不断发展的影响下，人类社会的生产生活方式和模式发生了很大的变化，科学改变生活，对人们启发很大，人们依赖科技，也会越来越受制于科技。因此在教育层面，人们也越来越强调"人本主义"，旨在将人从"器物"中解放出来。现代人本主义强调，应将人类从依赖科技中解放出来，恢复人在世界中的本体地位，而非依附于科技发展。

从社会发展中人的主体地位的体现到教育领域中对作为学习者、施教者的教学活动参与主体的"人"的重视，"以人为本"思想在包括教育在内的各个领域得到重视。

教育教学中"以人为本"的教学理念旨在将教学活动参与者从传统教学中的非人性化的状态中解脱出来，恢复人的教学主体地位，强调了"人"的重要性，在教学中，真正关注教师、学生的自我健康和可持续发展。

"人本主义"理论具有以下几个基本观点：

第一，学习者是学习的主体，应受到尊重。

第二，学习是丰满人性的过程，根本目的是人的"自我实现"，强调教育应促进教学参与者（尤其是学生）人格的完整，促进人的认知与情感的丰富、提高。

第三，人际关系是最有效的学习条件。

第四，"意义学习"是最有效的学习。

3. "以人为本"的教学解析

关于"以人为本"教学理念的含义，中外教学者有不少研究，并提出了自己的看法。

第一，"以人为本"教学理念，"人"是指学生，也指教师。教学应把学生和教师作为教育的主体。"以人为本"包括"以学生为本"和"以教师为本"两方面内容。

第二，"以人为本"教学理念是一种以尊重和关怀他人为核心的教学理念，倡导以人为主体，以教育为主体。

综上所述，在"以人为本"教学理念中，广义的"人"是指学生、教师和教育管理者，狭义的"人"是指学生，教育是"培养人"的一种活动，"以人为本"中的"人"的最大内涵是"学生"，教育应以学生的身心健康、全面发展为"本"。

4. "以人为本"的教学观点

"以人为本"肯定了人在教育中的重要作用，在教育教学实践的广泛应用过程中，体育教育工作者和许多学者逐渐总结概括出了以下几个观点：

（1）教育的目的是促进师生自我实现

首先，在体育教学中，学生的自我实现是要促进学生的身体、心理、智能、社会性等全方面的自我发展，让每一个学生都能通过体育教学有所进步，体育具有多元教育价值，通过体育教学能促进学生各种素质的综合发展。在"以人为本"的基础性理论——人本理论的支持下，体育教育强调了在体育教学中不仅要重视健康知识和运动技能的学习，还要通过科学的体育教学环境创设和教学过程安排来促进学生的心理、情感、智慧、社会性发展，使学生情感和智力有机结合。体育教育的一个重要教学任务就是在体育教学中促进学生的认知与情感的共同进步与发展，通过体育教学，发掘和发挥每一个学生的学习潜能，培养学生在各个方面的创造性，最终所培养出来的学生应具有创新、创造意识与能力，这样的人才才是社会真正所需要的。

其次，在体育教学中，教师的自我实现最基本的就是能创造性地完成体育教学任务，在教学中实现作为教师这一角色的价值，即通过体育教学培养出适合社会发展的人才，促进学生的发展与进步。同时，在体育教学中，通过对体育教学的科学设计、各种丰富多彩的体育教学活动的开展和教学媒体的应用来提高自己的教学能力、组织能力、社交能力、科研能力、创造力等，促进自我综合教学能力和体育素养的不断提高，实现自我职业生涯的不断发展，并能在日常工作和生活中身体力行地从事体育锻炼，不断提高自身的健康水平，并能对学生和周围的人形成一种潜移默化的影响。

（2）课程安排应尊重学生的自由发展

在人本教育理念产生之前，传统的教育侧重社会价值和工具价值，人本位的思想和观念使得人们认识到了传统工具化教育是对其本质属性的违背，必须认识到人是教育的出发点，人本教育将教育的重点落实到人身上，关注人的健康成长。在人本教育的基础上我国所提出的素质教育也正是关注人的以学生为本的一种教育。国务院曾指出，素质教育的实施方针是"坚持实现自身价值与服务祖国人民的统一"，学生是教育活动的主体，素质教育背景下的教育应关注学生的个性发展、独立人格发展，在体育教学中，教学应关注学生群体与个体的统一性、个性化发展，通过体育教学，调动每一个学生的积极性，促进每一个学生的自我进步。

体育教学所面对的教学对象是人，每一个人都与其他人存在个体差异，教育不是为了"批量生产人才"，而是旨在促进每一个人健康全面发展的基础上的个性化发展，因此，体育教学应在统一要求的基础上做到因材施教，教师必须尽可能实现多种多样、侧重点不同的教学课程设计，使每一个学生都能在体育教学中有所进步与成长，通过科学体育教学活动组织与引导学生正确、充分参与培养个性化的人才。

（3）教学方法选用应重视学生的情感体验

人本主义教学理论强调"以人为本"，主张教学以学生为中心，实现个性化发展，而学生的这种发展都是从学习经验中体悟和实现的，因此，这就要求体育教学应重视科学化体育教学方法的选择，激发学生的体育学习兴趣，为学生创造良好的学习体验。

在"弘扬人的个性、强调以人为中心、尊重人的情感体验"的现代体育教学中，体育教师应全面了解学生、充分尊重学生、真正理解和信任学生，在此基础上，教师"高高在上""师命不可违"的观念才能彻底改变，才有助于教师与学生构建和谐的师生关系。而良好的师生关系的建立对于体育教学活动的顺利开展具有非常重要的意义。可以说，学生对体育学习的态度，个人爱好、获得学分是重要动机，来自教师的个人魅力因素也具有重要影响。此外，师生的和谐关系建立也有助于教学活动中师生能够更好地配合，从而提高体育教学的质量。

（二）"以人为本"教学理念的高校体育教学指导

1.重新定位体育教育的价值

传统的体育教学在对"育人"的认识上存在不少误区。长期以来，人们总是在理解体育科学化的基础上，常常采用生物学的观点来对学校体育的价值作出判断，并且过多地关注学校体育"增强体质"的功能。此外，在对体育运动的本质理解上，一些教师存在一定的偏差。以足球运动教学为例，我国的体育教材普遍将体育运动确定为"是以脚支配球为主，两个队在同一场地内进行攻守的体育运动项目"，针对此概念，有的教师认为，"球"是活动争夺的目标，自然应该处于主体地位，因此忽视了"球"要受制于人，"人"才是整个体育活动的主体。

在全球化的发展背景下，各种思想文化处在不断的发展和融合之中，教育思想也呈现出这一发展趋势，人本理论和"以人为本"教育理念的提出体现了当代社会对人的发展的重视，在体育教育教学领域，当前的学校体育更加强调人性的回归，学校体育的根本出发点和落脚点应是"育人"。

现代高校体育教学中，"以人为本"教学理念是符合当前时代的发展要求的，当前社会，人的发展在社会的各个领域受到了重视，即使是在智能时代，很多机器生产代替了人工生产，但是发明机器、操控机器的还是人，人在人类社会的发展中起着关键作用，任何时候都不能忽视人的作用。

人本主义教学理念与思想指导下的体育教学，就是要求教育者在体育教学活动开展过程中关注作为教学对象的学生这一因素，教师的教学活动开展需要学生的参与、配合，如果没有学生的参与，则教学活动就没有开展的意义了。

必须提出的是，教师也是教学活动中非常重要的参与方，也是应该受到关注的一要素。体育教师在教学活动中所发挥的作用也不容忽视。

现阶段，我国的体育教学思想呈现出多元化的发展趋势，诸多教学思想都围绕"人"的教育展开论述，讨论了体育教学中如何更好地促进和实现"人"的发展。

2.体育教学目标的重构

在我国，传统的学校体育教学目标为增强学生体质、掌握"三基"和德育，随着体育教学的不断发展，新的科学化的教学理论、教学理念给了体育教育工作者更多的教育启发与指导，体育教学的育人作用被不断丰富和发展，多元化的学校体育价值体系对体育教学目标重构提出了要求。

"以人为本"教育理念在学校不同学科的教学中广泛应用，也有越来越多的学者认识到传统的体育教育体制不再适合当前的体育教育教学，不能单纯地追求学生的外在技能水平，而应该重视学生的全面、健康、可持续发展。新时期的体育教学的重点转移到"以人为主"上，在体育教学中，教师必须认识到，人是运动的参与者和运动的主体，体育运动的教学和训练也必须以促进人的全面发展为根本目标。

3.学生教学主体观的建立

现阶段，"以人为本"教学理念成为我国体育教学的重要教学理念，在我国的体育教学实践活动的开展过程中，越来越多的教师开始关注学生，从学生的特点、条件、基础和学习需要出发来选择教学内容、教学方法、教学组织形式与教学模式。高校体育更多以选修课形式设置。不同教师之间也正是通过个人教学能力和对学生的"因材施教"和关心关爱学生、研究学生获得学生喜欢，来促进更多的学生选修自己的体育课程。

总之，学生是教学的主体，没有学生，教学也就不复存在。

4.体育课程内容的优选

传统的体育教学对学生的全面健康发展关注不够，体育教学课程内容主要是竞技体育运动技能，体育教学课通常被体能训练课、技能训练课代替，新时期的"以人为本"教学理念重视学生的全面、健康、个性化发展，在体育教学内容的选择上，也更加科学。

在"以人为本"教学理念的指导下，我国的体育教学有了很大的进步与发展，为了进一步促进我国体育教学的改革，教育部门先后修订了各级学校体育教学大纲，强调在体育教学中要不断丰富教学内容，通过多样化的教学内容促进学生的身心健康与全面发展。高校体育教学中，教学活动的开展也建立在落实"健康第一"的教学理念的基础上进行，通过丰富的体育教学内容来吸引学生参加体育锻炼，通过体育教学促进学生的身心健康发展。

此外，在丰富高校体育教学内容的同时，"以人为本"教学理念还强调体育教学内容与不同大学生的发展需求相适应，在体育教学内容优选中应注意以下几点要求：

第一，突出体育教学内容的趣味性，在课程改革过程中，激发学生的学习兴趣。

第二，强调体育教学内容的健身性，过度强调竞技技术提高的体育教学内容应予以摒弃或改编，使之能更好地为促进高校大学生的身体健康服务。

第三，重视体育教学内容的适用性，体育教学内容的教学实施应有利于学生当前的身体健康发展，并能为高校大学生的终身体育意识和体育能力的培养奠定基础。

第四，关注体育教学内容的创新性，高校体育教学内容还应适应现代化社会发展潮流，应具有启发性、创新性，促进高校大学生创新意识和创新能力的培养。

二、"健康第一"教学理念

（一）"健康第一"教学理念的概述

1."健康第一"的提出背景

在我国，"健康第一"教学理念的提出最早可以追溯到1950年，旨在改变当时学生负担太重的现状，各校要注意健康第一、学习第二。

1949年后，我国各方面的恢复与发展都逐渐走向正轨，在高校体育教学的发展过程中，我国先后开展了体育教育领域改革的思考与讨论，提出了许多创新教学理念、思想、形式，如国民素质教育、国民体质教育、青少年儿童健康教育，这些教育问题都在当时得到了不同程度的热议。随后不久，我国在体育教育领域就确定了"健康第一"的体育教育教学理念。

改革开放以后，"健康第一"教学理念在我国更加受到肯定。

随着我国体育教育研究的不断加深，20世纪90年代，"健康第一"教学理念的内涵得到了进一步丰富，这一时期的"健康第一"主要是对"素质教育"的诉求，它与"以学生为本"的教学理念有机结合，旨在培养高素质全面发展人才，实现学生个人发展需要与社会发展需要的有机统一。

21世纪以来，关注人的健康教育成为新时期高校体育教育的重点，我国更加重视学生在体育教学中的健康全面发展。"健康第一"是现阶段体育教学的一个重要理念，我国学校体育的指导思想是"健身育人"，体育运动教学应将促进学生的身体健康发展放在首位，突显体育教育的本质。学生的体质健康水平仍是学生素质的明显短板。高校体育作为体育教育的一个重要教育构成，在促进我国学生体育健康教育，加强健康中国建设方面发挥着重要的作用。"健康第一"教育理念在高校体育教学中发挥着重要的影响。

2."健康第一"的理论依据

从世界范围来看，"健康第一"教学理念的提出是符合世界教育发展趋势和社会对人才的发展要求的。

（1）世界范围内对人类健康发展的重视

在人类社会的发展历程中，健康始终是一个备受关注的课题。人类健康是推动人类社会发展的一个必要条件。

世界范围内各国开始普遍关注健康20世纪50年代，各国社会经济逐渐开始恢复，各方面的发展促进了各个国家和地区对区域内人们健康的重视，大众健康逐渐走入公众视野，同时，教育领域关注学生健康也成为国际体育教育的发展潮流。

20世纪中期，公众健康问题在世界范围内广受重视，世界卫生组织提出现代健康新理念，为适应世界发展趋势，我国也开始关注社会大众健康教育、学校体育教育，提出"健康第一"的教育教学指导思想。

随着国际间的大众健康交流日益增多，各个国家和地区都非常重视区域内的大众健康发展，整个社会已对体育的功能、价值等方面形成了全新的认识，在教育领域，重视学生的健康发展，成为各个国家和地区重视区域内体育事业和教育事业发展的重中之重，体育健康教育对增强青少年体质健康水平具有重要而深远的影响，并通过青少年群体影响周围群众健康，实现青少年进入社会成为社会体育人口，间接增进社会大众健康。

在全世界都强调素质教育的大背景下，"健康第一"教学理念成为我国高校体育的教育重要指导理念。

（2）社会发展对人才健康发展的客观要求

随着科学技术的不断进步、经济的迅速发展、社会生活节奏的日益加快，人类的体力劳动越来越少，长时间伏案工作所造成的"运动不足""肌肉饥饿"严重影响了人们的身体健康。基于社会压力所产生的各种心理疾病严重影响了人们的心理健康，社会功利化发展，过多的利益争夺，对人们的社会性发展也产生了不良影响。诸多健康问题困扰着个人的发展和整个社会的健康发展。

20世纪90年代开始，疾病死亡原因发生了本质的变化，生活方式急剧变化成为疾病死亡高发的重要诱因。健康问题成为一个社会发展问题，人们充分认识到健康的重要性，在教育领域，学生的健康问题同样引起了关注。

进入21世纪以后，"全民健身"和"青少年体质健康"问题更大范围地走进我国国民的生活视野，参与大众体育健身、体育健康教育成为我国阻挡"现代文明病""办公室疾病""肌肉饥饿与运动不足病"的重要良方和强大武器。

在当前和未来社会的发展过程中，健康问题将始终是影响个人和社会发展的首要问题，社会的快速发展与激烈竞争要求现代人才不仅要有正确的政治思想，具备扎实的科学知识和能力，还必须具备强健的体魄，"身体健康是其他一切健康的基础"，"身体是革命的本钱"，身体健康是个体生活、学习、工作的基础，如果没有健康的身体，则很难在社会劳动力竞争中占据优势，社会竞争对劳动力的基本要求就是身体健康。

教育的最终目的是促进个人的健康发展、培养符合社会发展的合格人才，对学生群体的身体健康教育是体育健康教育的重中之重。

3. "健康第一"的教育特点

"健康第一"教育理念内涵丰富，其在体育教学实践中表现出以下特点。

（1）强调身体健康是健康的基础

"健康第一"中所提到的"健康"是全面的健康，是包括身体健康、心理健康、社会健康等在内的多维健康，基础是身体健康。健康的体魄是人类发展的基本标志。教育应首先关注健康教育。

（2）强调多元健康发展的素质教育

"健康第一"作为一个现阶段重要的先进教育理念，强调体育教育应重视学生的健康发展，指出学校教育教学的首要目标是促进学生的健康成长，学生的身心健康比"卷面分数""升学率"更为重要。

（3）强调健康教育的全面性

1）学生身体健康教育

在"健康第一"思想的指导下，高校体育教学应时刻关注学生各方面健康的综合发展，通过体育教学，关注和促进学生的身体健康发展，也促进学生的心理和社会性发展，以为学生奠定良好的身体基础、心理基础，并能在走出校园、走进社会之后有良好的身心健康状态和水平应对生活、工作、继续教育中的各种挑战。

2）学生心理健康教育

现代社会竞争日益加剧，各种社会竞争要求社会生活中的每一个成员都应具备良好的心理素质，如此才能正确地看待学习、生活、升学、就业、恋爱、婚姻等过程中的各种问题。当前，就我国高校大学生群体而言，许多大学生都深受学业、就业、生活中的各种问题的困扰，都存在不同程度的心理问题。因此，教育关注学生心理健康非常必要。体育具有促进运动者健康心理形成和发展的重要作用，当代大学生压力大，也容易受不良因素影响，高校体育教育应关注大学生的心理健康发展，通过开展体育教学活动，促进大学生的心理健康发展。

3）学生社会性发展教育

体育是一种独特的教育形式，学校体育教育可促进学生的社会性良好发展，应该在教学中有意识地培养学生的人际关系建立、竞争与合作能力。

因此，在高校体育教学活动中，应深入挖掘体育的教育价值，在体育教学实践中充分贯彻"健康第一"的教育理念，切实促进学生身心健康、全面发展。

（二）"健康第一"教学理念的高校体育教学指导

1. 树立体育教育新观念

"健康第一"教学理念对我国的体育教育最重要的影响就是教育重点和方向的转变，贯彻"健康第一"教学理念，就必须转变体育教育观念，改变竞技化体育教育，关注学生的身心健康发展。应该把教育的重心从单纯地追求学生的外在技能水平向追求学生的全面协调发展转移。

新时仪，不断强化高校体育教育教学改革，必须落实健康教育，每一个高校、每一个高校体育教育工作者，都应该形成正确的体育价值观、培养良好的意志品质，不断完善性格特征。总之，现代科学化的体育教育应该将体育教育工作理念从以往单纯的"增强体质"为主转移到"健康第一"的新型教育观、发展观。

现阶段，社会发展对人才的要求是全面化的，一名合格的社会人才应该是健康发展的人才，身体健康、心理健康、社会性健康等缺一不可。

2. 明确体育健康教学目标

在当前的体育教育教学实践中，"育人"是学校体育教学工作的最根本目标。技术教育和体质教育并不能完全作为学校体育实践的重心，"健康第一"的教育理念为促进我国高校体育目标多样性、多层次的构建提出了新的要求。具体如下：

第一，高校体育教育应重视加强学生的体育文化知识教育，提高学生的体育文化素养。

第二，高校体育教育应充分融合健康、卫生、保健、美育等多种教育内容，通过内容全面的体育教育来培养学生健康的体育意识、健康的娱乐休闲习惯，远离可能影响个人身体健康的一切不健康因素和事件的影响。

第三，高校的体育教育工作的开展应紧密结合学生生长发育与生活实际，使学生会自我保护，预防疾病发生。

第四，高校体育教育应重视大学生青春期教育和心理健康教育，将其作为健康教育的重要内容来抓好，为学生在特殊时期的健康成长提供科学指导。

3. 完善体育教学课程体系

深化高校体育教学课程体系改革是促进高校体育教学发展的一个重要和有效途径，要贯彻落实"健康第一"体育教学理念，就必须在体育教学课程体系建设方面做好工作，不断丰富体育教学课程体系内容，以更好地满足当前高校大学生的多元化、个性化的体育健康发展需求。

在"健康第一"教育理念的影响下，我国的高校体育教学课程现状发生了很大的改变，如体育课程内容的增加、教学方法的不断丰富、学校体育课内与课外活动的有机结合，体育选修课越来越考虑大学生的学习爱好与需要，体育课程与内容设置针对不同专业学生凸显了专业特点等。

现阶段，要继续贯穿"健康第一"教学理念，建设更加完善的体育教学课程体系，应持续做好以下工作：

第一，高校体育教学应始终坚持以学生为主体，将学生的身心健康发展放在首位，所有教学活动的开展都应围绕促进学生的健康发展服务。

第二，调整体育教学内容，充分了解学生的特点和需求，对体育教学大纲所规定的教学内容进行科学选择，对与本校实际教学情况和本校学生不适合的教学内容进行调整，使体育教学内容能更好地从理论落实到教学活动实践中。

第三，丰富体育教学内容，通过丰富的体育教学内容吸引高校大学生的体育学习与参加体育锻炼的兴趣，通过丰富的体育教学内容满足大学生的不同体育学习需求。

第四，重视教学内容的因地制宜，根据本地区气候、资源以及学校自身教学特点来进行特色化的体育教学课程设置，并研究推出更能反映本校学生健康发展的健康检测内容与标准。

第五，重视高校大学生课内体育教育与课外体育活动的有机结合，加强体育课对学生的教育意义和提高学生对体育课的兴趣，并使学生养成科学合理的作息习惯、健身习惯，在课余时间也能科学健身，保持健康的生活方式。

4. 重视体育教学方法优化

体育教学是否能收到良好的效果受到体育教学方法是否正确的影响，在高校体育教学中，有很多体育教学方法可以供教师进行选择，不同的体育教学方法有不同的特点，同一种体育教学内容可通过多种教学方法展现给学生，体育教师应该判断出哪一种教学方法是最合适的，这样可以促进教学方法应用的最优化，进而促进体育教学效果的最优化。重视体育教学方法优化，要求体育教师具有良好的体育教学能力，有能科学选择各种教学方法、有效应用各种教学方法的能力。

5. 教学评价体系的完善

在"健康第一"思想的影响下，体育教学的评价应以学生的体质增强、身心健康发展为重要评价指标，完善体育教学评价体系。

"健康第一"教学理念指导下的高校体育教学评价体系的科学化构建与完善，具体要求如下：

第一，对学生的全面评价中，要重视对多方面的教学效果进行量化分析，并且将定性评价和定量评价相结合，提高教学评价的科学性，促进学生能更好地认识自身的不足以及获得学习的动力。

第二，对学生的全面评价中，要做到评价内容的全面、评价指标的全面、评价方法的全面，还有尽量做到邀请不同的评价主体进行评价。

第三，体育教学不仅注重对学生进行全面评价，还注重对教师教学的方面评价。

三、"终身体育"教学理念

（一）"终身体育"教学理念的概述

1. "终身体育"的基本内涵

"终身体育"教育思想的形成是人类自身和社会发展的必然要求。终身体育包括两个方面的内容：第一，终身教育贯穿人的一生，从出生开始一直延续到生命结束，在人的一生中，都应养成参加体育锻炼的习惯，体育是日常生活的重要组成部分；第二，终身体育是科学的体育教育，在人的一生中的不同阶段，都有正确的价值观念来指导和引导个体参加体育活动，并通过体育活动的参加实现身体的健康发展，终身受益。

具体可以从以下几方面来理解终身体育：

第一，时间方面，贯穿人的一生。

第二，内容方面，项目丰富多样，选择性强。

第三，人员方面，面向社会全体公民。

第四，教育方面，旨在提高全民体质健康水平。

学校"终身体育"教学思想的树立和形成能有效促进我国体育教学的发展，是所有运动项目的体育教学都应该树立的正确教学思想和观念。

要切实推动终身体育教育理念在高校的贯彻落实，教师在推动"终身体育"教育思想的落实方面具有非常重要的责任与作用。调查发现，在参加体育运动方面，有很多学生受到教师的影响，特别是教师业务水平的影响，教师应在教学中和课堂外都提倡学生积极参加体育锻炼。

在体育课堂教学中，教师应关注学生终身体育意识和能力的培养，不能只关注和过于重视技术、技能教学。

在体育课堂外，教师可以组织学生开展各种体育活动、体育游戏，对高校大学生体育俱乐部活动的开展，教师应给予鼓励，并提出指导性意见和建议。

2. "终身体育"的思想特征

（1）体育锻炼时间的终身性

"终身体育"是一种先进的教育理念，最为重要的一点就是它可以令个体一生受益。

从教育功能作用于个体的影响来看，"终身体育"突破了传统的学校体育目标过分强调学习和掌握运动技能的观念，打破了传统的体育教学把人接受体育教育的时间仅仅局限于在校学习期间，而是将体育教育时间大大延长，囊括了人的一生。

"终身体育"教育理念强调体育教学应符合学生生长发育、心理健康发育的客观规律，以及健身的长久性，注重培养学生对体育的爱好和兴趣，养成锻炼的习惯和能力，强调体育的终身参与、终身受益。

（2）体育锻炼群体的全民性

"终身体育"的体育对象指接受终身体育的所有人，每一个社会成员都应该积极参与，"终身体育"是面向全体社会成员的，从学生在学校体育教学中逐渐培养起体育锻炼意识到走出校门、走进社会之后能持续参与体育锻炼，为以后的整个人生参与体育锻炼奠定良好的基础。因此，终身体育教育的主体并不局限于在校学生，而是面向所有民众，应做到全民积极、主动参与。

从一种体育发展理念演变为一种体育教育理念，"终身体育"教育理念的教育对象是面向整个人类社会成员的，"终身体育"教育不仅仅局限于学生，还包括社会大众。

体育教育是一个需要长期坚持的系统工程，生存、健康是社会和时代发展的主流，健康是人们生存生活的重要基础，体育健身与生活是密不可分的。因此，无论个体的年龄、社会身份发生怎样的变化，都应该成为"终身体育"的教育对象。

（3）体育锻炼目的的实效性

"终身体育"以适应个人发展和社会发展为根本着眼点。因此，终身体育参与必须要做到因地制宜、因人而异，不同的人应结合自己的实际情况选择具体的锻炼内容、方式、方法等，同时，应融入到日常的生活、学习、工作中。

在现代社会生活中，人们为了改善自己的生活质量，根据自身条件合理选择适合自己的体育方式，做到有的放矢，具有较强的针对性和实效性。

在高校体育教育教学中，体育教学的内容选择、方法运用都应为提高学生的体育知识、体育技能服务，不断提高学生的终身体育意识和终身体育能力，如此，在大学生毕业进入社会后，也能持续参与体育锻炼。

3."终身体育"与体育教育

（1）"终身体育"与体育教育的相同点

1）共同的体育目标——育人

体育具有多元教育价值，无论是终身体育参与还是体育教育的体育活动参与，最终目标都是为了实现体育运动者的体育、智育、德育、美育等多元教育价值，更好地促进运动参与者的健康全面发展。

身体的健康是其他健康的前提条件，学校体育教学就是要培养学生的终身体育意识与能力，以为其健康的一生，更好地实现个人价值和社会价值奠定健康基础。

2）共同的体育手段——健身

终身体育活动参与和体育教育都是通过体育运动健身参与来实现体育的教育价值的，

最终的个体行为也都落实在体育健身活动上，终身体育强调个体应养成终身参与体育锻炼的习惯，在人生的每一个阶段都积极参与体育锻炼。体育教学以学生的身体练习为主要教学手段，通过身体活动促进身心、社会性全面发展。

3）共同的体育任务——掌握体育知识，提高运动能力

个体的终身体育健康，离不开科学体育知识作指导，离不开体育锻炼实践活动参与，而同时，体育知识与体育技能的掌握，也是高校体育教学的重要任务，只有掌握这两方面的内容，才能更加科学地从事体育健身实践活动，才能通过身体力行的体育活动参与实现运动者的身心健康全面发展。

（2）终身体育与体育教育区别

1）体育参与时限不同

终身体育贯穿人的一生，学校体育只负责学生在校期间的体育教育。

2）体育教育对象不同

终身体育以全社会所有成员为教育对象，学校体育以在校学生为教育对象。

（二）"终身体育"教学理念的高校体育教学指导

1.转变传统体育教学思想

"终身体育"教学思想指导下的高校体育教学，应该在体育教学内容、体育教学方法、体育教学评价等各方面都做到以培养和提高学生的体育终身意识和能力为标准，通过与学生日常生活、学习、工作关系更密切、关联程度更大的体育项目教学，培养学生的运动习惯，而不是仅仅关注学生的运动技能掌握情况。

高校体育教育教学过程中，教师应将体育教学目标的制定从单纯和过度关注技能指标的思想观念中解放出来，关注学生的体育价值观、体育态度、体育意识、体育行为习惯，如此才能真正有针对性地开展体育教学，才能真正实现终身体育教育。

"终身体育"教学理念是高校体育教学改革的指导思想，也是高校体育教学发展的落脚点。

2. 重视学生终身体育意识的培养

个体的体育活动参与行为的实现，必须建立在对"终身体育"教育理念有正确认识的基础上，"终身体育"意识是高校大学生主动进行体育学习、参与体育锻炼的重要内驱力。

当前，社会节奏快，生活压力大，每一个人都面临着各种各样的生理和心理负担，要获得高质量的生活，就必须确保身心健康发展，体育运动能有效促进运动者的身心保持良好的状态，终身体育对于学生的身心素质发展促进具有重要作用，学生走进社会之后，面临的各种压力并不比学生时代少，甚至要更多，体育锻炼是一种身心压力释放、身心健康状态重塑的过程，对运动者保持良好身心状态迎接生活、学习、工作挑战是非常重要的，可以有效提高个人生活质量，提高学习、工作效率。

终身体育活动参与对于个人的社会性发展具有重要的促进作用，大学生坚持体育锻炼，能有效增强身心适应能力，可以在毕业步入社会后更好地适应社会，提高抗击压力的能力。

现代高校体育教学，要培养学生的终身体育意识，教师应做好以下教育引导工作。

第一，引导学生树立正确，体育价值观。

第二，端正学生的体育学习态度。

第三，将素质、技能、知识、能力等教育内容渗透到终身体育教育中。

第四，通过体育教学丰富学生的体育知识、体育技能，提高学生的终身体育参与能力，为终身体育锻炼奠定基础。

3. 丰富终身体育教学内容的设置

学生的个体差异性决定了学生的体育兴趣爱好不同、所适合从事的体育运动项目不同、所渴望学习的体育运动知识与技能（水平）不同，因此，在高校体育教学中，不能只追求学生某一特定的运动技能和运动的熟练程度，而是要重视不同学生的不同体育发展需求，尽可能地丰富体育教学的内容，使体育教学内容项目、层次多样化。

"终身体育"教学理念指导下的体育教学内容丰富化教学工作要求如下：

第一，拓展学校体育课堂教育，使学校体育向终身体育延伸。

第二，不同教学内容的课程目标设置应在充分了解与分析学生现状的基础上进行，以体育课程终身体育教学目标为导向组织体育教学。

第三，选用体育课程内容时，应重视对休闲体育项目、时尚体育项目的引进，开展能够激发学生体育兴趣和潜能的体育活动。

4. 关注学生需求与社会需求的统一

"终身体育"旨在为学生提供一种健康的生活态度与生活方式，对于任何个体来说，身体健康都是适应社会生活、工作、发展的必要条件。

高校体育教育的终身体育教育理念的贯彻，就是要在培养符合社会发展的合格人才的基础上，促进学生的个性化发展，实现学生的社会价值与个人价值的共同发展。

高校终身体育教育对学生需求与社会需求的统一性的实现，要求应做好以下工作：

第一，重视国家需要、社会需要与学生个体需要的有机结合。

第二，明确学生需要与社会需要的地位。这是正确处理学校体育发展与社会需要适配性的关键问题。

第三，重视体育教育的健身价值与人文价值的实现，重视体育知识、体育技能、体育习惯的共同培养。

第四，围绕学生开展体育教学，充分满足学生的学习和发展需求。

第五，全面提高大学生的体育素养，以符合社会发展对人才的体质、体能、知识、精神、道德要求。

终身体育教育有四个支柱，即"学会认知、学会做事、学会生活、学会生存"，但应充分考虑"终身体育"与"以人为本""健康第一"的有机结合。

四、坚持体育教学理念创新

(一) 综合加强体育、卫生、美育、心理健康教育

体育教育是一种以体育为主的全面教育，在体育教学中，应加强体育、卫生、美育等教育的充分结合，加强学生的多元和多方面的体育教育，须注意以下几点：

第一，学生参加体育活动，必须注重营养，养成讲卫生的好习惯，高校体育教育教学

应将学生的多方面体育教育综合起来施教。

第二，高校体育教学应加强对学生的营养指导，让学生了解有关营养、卫生保健的知识。

第三，高校体育教学应加强对学生的美育教育。美育不仅能陶冶和提高学生的修养，而且有助于开发他们的智力。体育是健与美的有机结合，寓美育于体育之中，能提高学生对体育的兴趣，增强学生的体育学习情感体验，提高学生的审美、创造美的能力。

第四，高校体育教学应加强对学生的卫生保健教育，并应紧密结合学生的生长发育与生活实际来开展健康教育，使学生会自我保护，促进自我健康成长发育。

第五，高校体育教学应加强对学生的心理健康教育，把学生青春期教育和心理健康教育作为重要内容来抓。

（二）综合培养学生的体育健康意识、行为、能力

健康的意识、知识、方法、技能对每一个参与体育锻炼的人来说都非常重要，开展高校体育教学活动，要真正促进学生的健康，就必须将体育教学活动与学生当前和日后的日常生活与工作密切结合起来，使体育意识演变成体育习惯，并落实成体育行为，在以后的发展过程中，都能通过参加体育运动更好地促进生活和工作的发展，如此就能将体育知识、技能、转化为学生自觉的行动基础。在体育教学中对学生进行体育健康知识、锻炼方法、运动技能等的传授，能使学生自主参与体育锻炼，并对自我体育锻炼效果进行正确评价，进而不断改进与完善体育锻炼。

具体来说，在体育教学中，学校和体育教师应做好以下几方面的工作：

第一，结合学生的实际情况选择体育教材。

第二，活动适量，不应矫枉过正。

第三，加强学生体育课外活动指导。

第四，组织开展多种体育比赛。

第五，展开与体育相关的各学科的教育，如运动学、心理学、营养学、保健学等。

第六，坚持以运动技术为主，注重一专多能。

第七，体育运动项目的开展要和社会体育资源相结合，不断提高学生参与体育的运动能力。

（三）实现"以人为本""健康第一""终身体育"多元教学理念的相互促进

在教育教学的发展过程中，出现了许多先进的体育教学理论和教学思想。这些教学理论和教学思想在不同的历史时期，对教育教学实践具有重要的促进和推动作用，而且在同一时期可能会有几个教学理论和教学思想同时对教育教学实践发挥影响作用，只是一些教学理论和教学思想起着主导作用，另一些则起着次要的作用。

体育方面的教学思想有很多，各种不同的体育教学理念各具优点，也各有不足之处，不同的体育教学理念相互影响，不同的体育教学思想可能相互补充，也可能存在有冲突的地方，教师在体育教学活动开展中，应注重对具体的体育教学实际进行分析，在坚持"以人为本""健康第一""终身体育"的教学理念的指导下，各种教学活动安排都应该充分体现出这三个教学理念中的一个或几个，如此才能切实促进学生的身心健康全面发展。各种不同体育教学理念也可相互借鉴，吸取进步内容丰富完善自我教育理念内涵，对不足之处予以改正，或者用其他与体育教学实践更贴近的体育教学理论和思想予以补充，例如，有利于人性发展的观点值得吸取，但可能放任教学内容泛滥的应坚决摒弃；运动技术技能教学思想的落实可有效促进学生对体育运动技能的掌握，但容易过分强调技能水平而忽视学生身心发展的规律，对此教师应格外重视。

在当前体育教育教学的发展过程中，"以人为本""健康第一""终身体育"都是先进的教学理念，对体育教学实践具有重要的指导和促进作用。

在现代体育教育教学实践中，新的体育教学理念要求体育教学应关注学生发展、充分重视学生的体验，让学生在愉悦的体育教学氛围中能积极主动地参与体育活动、进行体育学习，同时，新的体育教学理念还重视培养学生终身锻炼的习惯，使学生在体育活动中养成积极健康的生活方式，进而促进学生全面、长期、持续的发展。新的教学理念中的"以人为本""健康第一""终身体育"是相互促进、互为补充的，通过这些体育教学理念对体育教学实践共同的教学指导，能真正实现体育教育对学生全面健康发展的促进。

要实现体育的多元教育功能，促进学生、教师、体育教育的科学发展，就必须综合实现"以人为本""健康第一""终身体育"的相互促进和对体育教学实践的共同启发与指导价值，以不断完善体育教学，通过体育活动最终实现人的可持续发展。

（四）提高高校体育教师队伍的综合素质

在体育教学实践中，体育教师发挥着重要主导作用，体育教学理念在体育教学实践中的贯彻实施需要体育教师去执行，提高高校体育教师队伍人员的综合素质有利于更好地在体育教学中发挥先进的体育教学理念的作用。

新时期，要促进先进体育教学理念对体育教学实践的指导，提升体育教师的素质，应注意做好以下工作：

1. 一名合格的体育教师应具备良好的体育文化素养，掌握丰富的体育文化知识、理论知识

教师要丰富自我文化素养，不仅要重视对体育学科知识与理论的学习，还要重视对体育相关学科的知识的学习，以不断丰富自我知识结构。

2. 重视体育教师的综合教学素质、体育素养的提高

通过培训、学术交流、体育文化活动参与等不断促进体育教师熟知信息科学，通过对多方面的科学发展规律，如生命科学、环境科学、教育科学、传播学等知识的学习，掌握不同活动发展的规律，来为体育教学活动开展提供理论指导。

3. 加强树立终身学习意识

体育教师要落实终身体育，自己要先有足够的体育学习与参与意识，并形成体育健身习惯，教师必须为人师表，作出表率，才能为学生积极参与体育锻炼树立良好的榜样。

4. 鼓励体育教师积极参与体育科研

体育教学实践活动的开展离不开具体理论的指导，体育教师提高科研能力，有利于更敏锐地在体育教学中发现问题、分析问题、解决问题，从而促进体育教学的不断完善。

5. 加强对体育教师的教学监控

督促教师不断完善自我、促进自我可持续发展。教师作为人，也有人的一般惰性缺点，因此，有必要通过客观的教学监督指导来促进体育教师对自我工作的不断改进与完善。

五、建设良好的高校体育教学条件与环境

先进体育教学理念的实施需要学校全方位的支持，需要学校教学工作者、领导等的支持，为整个高校体育教学创造良好的体育教学条件、环境与氛围，提高高校的体育教学软件、硬件、文化等方面的条件与环境创设水平，为高校师生更加主动、积极、顺利地参与高校体育"教"与"学"奠定良好的基础。

第三节 体育教学的创新发展与价值

一、高校体育教学价值观的概述

从一定角度来说，体育的历史就是体育观不断变革的历史。体育是什么？体育对个人和社会的发展有什么意义？对此问题的看法就是体育价值观。

（一）关于体育价值观的基本认识

体育价值观表现在对体育总体价值的认识上。近现代对体育价值的认识已逐渐趋于一致，历届领导人也非常重视体育的价值，积极主张从事体育并身体力行。随着时代的发展、社会的进步，当代体育的价值观已逐步表现出统一性，分歧转移到了对体育价值的具体选择上。

1. 体育的发展过程是对体育价值的认识逐步深化的过程

体育的发展历程与体育功能的扩展和对体育价值的认识的逐步深化总是紧密联系在一起的。从心理学的角度考察，人的所有行为的产生都有其心理依据，而需要是诱发动机

和产生行为的动因。在古代，人类最开始的需要，如果按照马斯洛的需要层次论划分的话，都是处于低层次的需要。因此，人们为了改善生存和生活条件，就必须传授和提高这些技能，这时体育的价值就开始显现出来，由此可见，体育的产生与体育的价值是密切相关的。

社会化程度的提高扩充了体育的价值。随着历史的进步、社会化程度的提高，人们的需要逐渐从低层次向中等层次发展。在满足这些需要的过程中，体育始终扮演着非常积极的角色，展现着它特有的价值。在几千年的中国历史中，虽然体育的发展也遭受过一些挫折，但它总是以其特有的魅力保持着持续发展的势头。汉代末年，名医华佗还根据人体经络和血脉流通的机理，模仿虎、鹿、熊、猿、鸟的动作，创编了五禽戏，把医学和体育有机结合起来，充分体现了体育保健和健身祛病的价值，进一步扩充了体育的价值。

社会文明程度的提高，使体育价值得到了更充分的体现。当人类进入现代社会后，随着社会文明程度的提高，人们在工作中减少了身体活动，体力劳动强度降低，脑力劳动强度提高，许多"文明病"随之产生了。为了适应社会的竞争，提高生活质量，人们的体能需要保持，绷紧的神经需要放松，所有这一切都可以借助体育得到解决。

两种体育价值观的比较：体育的变革在很大程度上都是体育价值取向的调整。这两种价值观都承认以体育运动作为手段，可以实现体育的直接目标和间接目标。它们的主要分歧是——价值取向侧重于社会目标，还是满足行为主体的需要。

手段论价值观和目的论价值观的价值取向。手段论价值观认为，运动的目的是以运动为手段来培养社会所需要的人才，体育教学必须根据国家提出教学目标的需要来确定教学内容和设计体育方法体系，其价值取向的重点是因国家需要而规定的社会目标。目的论体育观认为，运动的目的在于运动自身和以运动为手段，使作为运动主体的人得到满足。因此，在教学中就必须根据学生的需要提出教学目标，确定教学内容和设计体育方法体系，使教学手段与教学目标相一致，教学目标与主体需求相统一，这与当前教育界提倡的素质教育思想是吻合的。

手段论价值观和目的论价值观基本内涵的比较。手段论价值观和目的论价值观的主要分歧在价值的取向上，其焦点是在于侧重满足社会需要，还是满足作为行为主体的学生的需要。在行为主体的地位上，两种价值观也有所不同。目的论价值观认为，学生是体育教学活动的行为主体，教学活动要以满足学生的需求为目的。

在个体的发展方向上，两种价值观存在类似于科学主义教育思想和人文主义教育思想的差别。手段论价值观关注的是运动技能的掌握和合理的运动负荷的影响。而目的论价值观恰恰涵盖了手段论价值观所忽略的范畴，不反对掌握适宜的运动技术、技能和承受合理的运动负荷。

在教学内容的选择上，手段论价值观强调的是体育内容自身的逻辑关系，奉行按部就班，讲究全面系统、整齐划一。目的论价值观在教学内容体系的构建上，主要是从学生的学习需求出发，根据学生实际和教学目标选择教学内容。

在课程结构上，因为手段论价值观追求运动技术的掌握和技能的形成，强调合理的运动负荷，所以课程结构比较固定，组成课程的各个部分比较规范。而目的论价值观在学生掌握知识技能的基础上，重视态度和情感的培养。

体育价值观的选择。体育作为教育的一个组成部分，它的价值观的选择要受到教育思想的指导和约束。根据素质教育的内涵，在体育教学要求上，我们应该如何做呢？①面向全体学生，使所有学生的健康水平都能够得到提高、身心素质得到发展。②都能突出全面性。③突出主体性。给学生更大的活动空间，使之在兴趣爱好的培养、人格的完善、特长的发展等方面拥有充分的主动性，真正发挥他们的主体作用。④要突出发展性。奠定身心健康发展的基础，形成终身体育的能力。

从素质教育对体育的要求，我们不难看出，目的论价值观与素质论教育观更为吻合，这是今后学校体育的正确方向。

（二）体育教学的基本价值内涵

1. 从知识形态的转化来看体育教学的基本价值

通过教学活动使学生获得他人总结的知识，这是古今中外一切教学活动的共同特征，也是实现其他教学价值的基础。这些需要教师根据学生的实际去挖掘、剖析，使之进一步升华。

2. 从教学的功能看体育教学的基本价值

体育教学的功能主要体现在两个方面：一是继承的功能。二是有效地促进学生身心的发展，具有发展功能。赞科夫认为："所谓一般发展，就是不仅发展学生的智力，而且发展情感、意志品质、性格和集体主义思想。"从教学的功能来看，体育教学的基本价值在于使学生获得知识、发展能力、形成良好的品格结构和掌握科学有效的方法。

3. 从素质的构成看体育教学的基本价值

构建学生相对完备的素质结构，是教学活动最根本的价值。有人把人才素质归结为德、识、才、学、体五个方面。其实，上述方面都不是孤立存在的，它们之间有着互相融合甚至互相包容的关系，有些甚至互为条件，它们组成的基本因素归根结底还是知识、能力、品格和方法几个方面。体育教学作为一个发展身体，增强体质，传授锻炼身体的知识、技能、技术，培养道德和意志品质的教育过程，它在学生素质构建中除了具有其他教学活动共有的功能外，还为学生科学锻炼身体提供理论和方法的指导，使其增强体质、提高健康水平，这是其他学科所不能替代的。因此，体育教学对于学生素质构建价值也是非常重要的。

（三）现代体育教学价值的形成特点

体育教学能对人的生存、生活、发展和社会进步产生积极的影响，这是体育教学的价值所在，这些因素互相联系、互为条件，在体育教学中转化为过程价值，在教学结束后凝结成终极价值，从而使体育教学的价值得到完整体现。

1. 体育教学价值的形成规律及内部关系

体育教学价值的形成规律实质上就是体育教学活动的规律，即体育教学过程中内在的本质联系。在这个过程中，学习必要的体育知识、树立正确的体育态度是形成教学价值的基础，它是通过认知来实现的。具备基本的体育能力是形成教学价值的重点，它是终身体育的基本条件，它的实现过程是一个有目的、有计划的培养过程，能力价值的实现有利于学生有效地进行自我锻炼，以促进身心的不断完善。体育教学的另一个重要价值是道德品质的养成和情感的发展，它的实现是一个潜移默化的过程。思想品德的养成和情感的发展，有助于前几项价值的实现，也有利于健康心理的形成。它们之间既有联系，又各有侧重，它们有机地协同和复合，才能促进体育教学价值的完整实现。

2.体育教学价值的形成过程与特征

从体育教学的特点来看，体育教学的价值可以分为过程价值和终极价值。过程价值以终极价值为指导，而终极价值则是过程价值的集中表现。

体育教学的过程价值的形成。体育知识是一种复合形态的知识，许多体育知识的获得，必须通过感性的体验来予以验证和强化，因此，体育知识价值的实现依赖于讲授和实践的紧密配合。方法价值具有手段的特征，从体育教学价值实现的主体学生的角度来看，它主要侧重于学习方法和身体锻炼方法。学法是在教师的指导下，由学生根据主体需要、主体特征、主体认知特点去认识事物的途径。思想品德价值是体育教学的重要价值之一，它与其他各科教学具有共同的价值取向，都是为个体的社会化提供明确的指导。品质的形成需要主体认识、情感意志和行为三个方面的协同发展。综上所述，体育教学的过程价值是体育知识的认知、体育能力的培养、体育方法的训练和良好品质的养成。

体育教学的终极价值的实现。体育教学的终极价值是通过体育教学的过程价值的升华而实现的，它主要体现为掌握体育知识技能，树立终身体育观念，为终身体育打好基础，完善人格个性，发展身心素质，提高健康水平，能与社会所需人才的相关素质结构相适应。因此，教师必须树立正确的体育教学思想和终极价值观念，并采用合理的教学设计，把价值观念融合在教学指导思想的教学行为之中，通过教学过程价值的形成，最终凝结成终极价值，以满足自身和社会发展的需要。

体育教学过程是一个体育教学价值凝结的过程，也是一个人才的相关素质形成的过程。体育教学最高的价值就在于共建良好的人才素质结构，这是体育教学最根本的价值观。这既是一个促进学生身心发展、提高健康水平、满足学生和社会需要的过程，也是一个为学生和社会的进一步发展奠定基础的过程，因此，体育教学的价值也在促进学生身心发展方面具有双向促进作用。

二、高校体育创新教学目标的结构与制订

（一）高校体育教学目标的结构

1.体育教学目标与体育学科功能、价值的关系

体育学科的多功能。功能取决于事物的性质和特点，同理，体育学科的功能来自体育

学科自身所具有的性质和特点。

体育学科的价值。由于体育学科具有多样的功能和特征，使得体育学科具有了价值取向多样性。虽然体育学科的功能是相对稳定的，但在不同的历史背景下和不同的国度中，体育学科的各个功能被不同程度地加以利用，体育学科被赋予各种各样的价值，此时，体育学科有些功能可能被忽视，这方面的价值也难以实现。

当然，人们在注重追求某种体育功能并努力实现某种体育价值时，也并不是绝对单一的，在多数情况下，人们是同时追求几种体育的功能，只不过是更注重、更强调某个功能而已。

体育教学的目标。不同时代的体育教育都有着独特的目标体系，这些目标是当时的社会对体育价值取向的具体化，也是对体育功能及重要性的认识。所以，无论是哪种体育形态，其体育教学的目标通常都不是一个，一般说来，从体育教学的第一目标的设定就可以大致看出该体育形态的价值取向，当然目标顺序与价值取向不完全吻合的例外也有。

2. 体育教学目标、体育学科的功能及价值之间的关系

功能是事物固有的、客观的属性；而价值是外赋的、主观的属性；目标则是根据功能进行价值取向后的行为效果指向。也就是说，一个事物即使具有这个功能，而人们如果没有看上这个功能，也不会把这个功能的实现作为目标；相反，一个事物不具有这个功能，即使人们非常希望通过这个事物实现这个功能，也是无济于事的。体育学科的功能不会有大的改变，但不同的社会和不同的历史阶段会有不同的体育价值取向，因此体育教学的目标会随着社会的变化与发展产生相应的变化。

3. 体育教学目标的外部特征

体育教学目标的外部特征是属于体育教学目标内容以外的，但对体育教学目标内容具有规定性的那些特点及其标志。体育教学目标是由多个层次的目标组成。所谓体育教学目标的功能与特性，是指各个层次的体育教学目标都有其独特的"功能"和"特性"。如果不明确各层目标的功能与特性，这层目标就会与其他层目标相混淆。我们也可以把"目标的功能与特性"理解为"目标的定位"或"目标的个性"。各层体育教学目标有着各自要解决的问题，因此各层的目标就有自己独自的"着眼点"，就是"围绕着什么来看目标"

和"围绕着什么来写目标"的视角。学段体育教学目标面临许多运动教材，因此不可能围绕某一个运动技能来写。单元体育教学目标是学段目标的下位目标，它也不可能围绕学段的发展来写目标，而它面临最清晰的对象是"在这个单元中，利用这个运动教材应该发展学生什么，能发展学生什么"。

4. 合理制订体育教学目标的意义

合理制订体育教学目标的意义主要体现在以下几个方面：①充分发挥体育学科教学的功能。只有合理地制订了体育教学目标，才能明确要实现哪些体育教学的功能。如果乱定体育教学目标就不能充分发挥体育教学的功能，使目标偏离了体育教学的基本功能，因此也就无法充分发挥体育教学的主要功能，使得体育教学的质量大为下降。②保障实现体育的教学目的。只有合理地制订了体育教学目标，才能稳妥地实现体育教学的目的。如使学生的体格强健是健身目的的标志、使学生每个单元每节课都能愉悦身心是促进学生运动参与的标志等，体育教学目标是体育教学目的实现的标志。③确保层层目标衔接，最终实现总目标。如果错定了阶段体育教学目标，就使得阶段体育教学目标的总和不能等于总的体育教学目标，那么就意味着总的教学目标没有完成。正确地制订各个层次的教学目标，是最终实现总目标的可靠保证。④明确和落实体育的教学任务。体育教学目标决定着具体的体育教学任务。因此，要有具体的体育教学任务来支撑目标的实现。好的目标有助于明确教学任务，体育教学目标是"的"，体育教学任务是"矢"，有了明确的目标，教学的任务才能"有的放矢"。⑤指引、激励教师的教与学生的学目标反映了人的愿望和努力方向。虽然体育教学目标并不完全是由任课教师和上课学生群体制订的，但合理的体育教学目标必定充分反映着教师的努力方向和学生的学习愿望。有一套科学合理的体育教学目标必定可以指引教师的工作，必定可以激励学生学习。

体育教学目标为教师指明了体育教学工作的预期成果，使他们清楚地知道自己工作的努力方向。在体育教学目标实现的过程中还会使教师受到鼓舞，实现过程中的困难也会促使教师去发现和解决问题，所以明确、具体而切实可行的教学目标，可以指引教师努力工作。学习目标的不断实现会使学生受到鼓舞，实现过程中的困难也会使学生受到鞭策，明确、具体而切实可行的教学目标可以激励学生努力学习。

（二）高校体育教学目标的创新发展

1. 我国体育教学目标系统的发展

归纳过去的体育教学目标系统的问题主要表现在以下几方面：①体育教学目的的表述不明确。②技能掌握和身体锻炼的教学任务不甚清楚。③各级学校的体育教学目的和任务之间的衔接不好，明显存在体育教学目标的区分度不高的问题。④各级各类学校的体育教学目的和任务的重点不明确和缺乏特色。

中国体育教学目标系统发展始终面临的另一个问题就是怎样完成社会对体育教学的期待和要求。五十多年来，中国体育教学目标系统基本上反映出中国社会发展和学生个人发展对体育的要求。如何不断将时代对教育和体育的内在要求包容在体育教育目标中，是中国体育教学目标系统亟待研究的课题。

2. 我国体育教学目标系统的完善

自 20 世纪 90 年代后期以来，中国对体育课程进行了大幅度的改革。根据国家教育改革的总体要求，中国大中小学的体育教育逐步向体育与健康教育转轨。体育教学体系涉及了体能、知识、技能、兴趣、爱好、习惯、心理、交往合作、生活方式、生活态度等诸多方面的教育目标，并将各个教育目标分为五个领域，分出层次。中国新一轮的体育课程和教学改革，为重新思考和建立中国体育教学目标系统提出了要求并开辟了道路。新课标的目标方案中必然存在一些不足，也面临着新的课题。

科学的体育教学目标系统的确立，必须遵循体育和教育的自身规律，要以"体"为对象，以"育"为目的，以身体锻炼为特征。符合体育的特质和内在价规律的体育教学目标系统，才会有助于形成对人产生价值和对教育产生影响的体育教学，才能体现体育文化与教育的完美结合。可以预见，有关中国体育教学目标系统的研究必将随着新的体育教学改革，随着体育教学基础理论的不断完善而更加深入。教学目标朝着更具时代特征、更反映社会要求、更体现目标特点、更能指导教学实践的方向发展，是未来中国学校体育教学目标系统不断努力的方向。

|第二章|

高校体育教学创新的体系构建

第一节　体系的构建目标与任务

一、高校体育教学内容体系构建

体育教学内容是体育教学大纲规定的学习范围。我国体育教学内容包含理论和实践两部分。教材是一个知识技能体系，是联系教师和学生的中介，是学生主要的知识来源，也是学生身心发展的基础。从小学、中学到大学，教学内容均以体操、田径、篮球、排球、足球、武术、舞蹈、游泳、滑冰等动作项目为主体，尤其是田径和体操比重最大，这就是我们实践教材选择的基本范围。但事实却是这样的局面：到了大学，许多基本的运动技术没学好，身心发展目标的达成也受到影响；既不能满足社会主体的需要，也不能满足学生主体的需要。当然这些问题的存在不是说运动项目不能作为体育教学内容，任何时候这些竞技项目都是我们体育教学中的重要内容。关键是整个教学内容体系应该有一个合理的结构，这个结构要贴近社会和生活，符合学生的身心发展特点。因此，研究教学内容结构体系建立的理论，探讨体育教材选择的依据，对提高体育教学的效果是十分必要的。

（一）体育教学内容的结构特征

体育教学内容的结构是指体育教学中特定的内容之间的分工配合。它必须既能满足社会的需要，又能满足作为教学主体的学生的需要。换句话说，就是学生对能满足自己需要的教学内容才能产生兴趣。因此，教学内容的优化组合是体育教学内容结构中的关键，而社会需要是社会对教育目标的要求。社会需要和学生主体需要具有统一性，但它们在满足的层次上、时间顺序上是不一致的，我们必须把握体育教学内容结构的基本特征。

1. 体育教学内容结构的目的性

体育教学内容结构具有明显的主观目的性：当客观的需要和主观目的相一致时，所建立的体育教学内容结构才是合理的。首先，在不同的学习阶段，学生对体育教学内容的需要是不一致的。其次，体育教学的内容结构要有利于学生形成合理的认知结构、技术技能结构、能力结构和体育方法结构。例如，在小学阶段，由于体育教学的目标主要是激发学生对体育的兴趣，发展他们的基本活动能力，培养自尊心和自信心，进行团队精神的熏陶。让他们在学习过程中去感受体育的乐趣，在集体练习中培养协作精神，在完成练习中树立自信。进入中学以后，体育教学目标提高了，侧重点有所改变，这时的教学内容结构就需要相应地进行调整。

2. 体育教学内容结构的联系性

体育知识和运动技能的种类是极其丰富的，任何体育教学内容结构都只能包含其中的一部分。通过这些内容的教学，可以有效地扩大知识范围，打下良好的体育运动技术技能基础并建立良好的能力结构，为学生进一步的发展创造条件。体育教学内容结构的联系性表现在以下方面：①具有横向特点的广泛性。身心的发展要求是全方位的，既包括保健、营养、卫生、锻炼原理、竞赛规则等基本知识，又包括促进身体发展的各种运动技术技能和练习方法。②具有纵向特点的复合性。体育教学内容要随着学习的进行逐步深化，这是教学的基本规律。但是体育教学目标是多元化的。它的实现依赖于多种教学内容的综合效应。复合性和广泛性的结合，可以提高体育教学内容结构的全面性和协同性，教学内容的广博性和教学内容之间的联系性对于学生创造性的发展也是非常有利的。

3. 体育教学内容结构的相容性

体育教学内容结构的相容性表现在体育教学内容结构内部相互渗透、彼此贯通。作为一个知识结构，体育教学内容结构应该是纵向联系、横向相关的，这种结构内部互相关联的特性，必然要求不同的内容之间彼此相容。体育教学内容结构的相容性使教学内容的选择具有更大的灵活性，体育知识技能具有更强的综合性。

4. 体育教学内容结构的动态性

体育教学内容结构要跟上体育科学的发展步伐，符合社会发展的需要，就必须具有动态性。这些新的知识必然要及时在体育内容结构中反映出来。社会对人才素质的要求是不断变化的，例如，现代社会的快节奏、高竞争性的特点，对人才的竞争力、创造力和良好的心理素质有了更高的要求。因此，体育内容结构总是处在动态的变化之中。

5. 体育教学内容结构的实践性

体育教学内容以实践为主，这是体育的本质属性所决定的。活动性内容应以在实践过程中对身心健康水平的良性影响为依据，换句话说，就是要考虑它对体育教学目标的贡献，使之既能产生教学内容体制改革具有的个别优势，又能形成多种内容结合而成的结构优势。

（二）体育教学内容选择的原则

体育教学内容非常丰富，而真正作为教学内容的，仅仅是其中的一部分。所以，在选择教学内容时应该遵循以下原则：

1. 实践性和知识性相结合的原则

实践性和知识性相结合是由体育的本质属性所决定的。通过实践，要使身体的大肌肉群得到活动，各内脏器官系统得到锻炼，同时体验到体育的乐趣，这些都是以体育教学内容作为媒介来实现的。知识性主要体现在为什么做、怎么做和为什么要这样做上，这固然要通过基础理论内容来讲授，但更多的是在实践中体验、理解，通过运用来强化。体育教学内容发挥的作用就是将实践与知识连接起来。

2. 健身性和文化性相结合的原则

健身性是体育教学区别于其他教学的显著特点。文化是人类认识世界、改造世界和适应环境的产物。健身性和文化性相结合，就是体育教学内容既具有良好的健身价值，又具有丰富的体育文化内涵。

3. 民族性和世界性相结合

体育的形式和内容总是与一些国家或地区的民族文化和民族习俗有关。例如，我国的武术、日本的柔道、希腊的马拉松、欧洲的击剑等，无不具有鲜明的民族色彩。体育教学内容仅强调民族性是不够的，任何民族，无论多么优秀，在发展过程中总会受到来自方方面面、形形色色因素的约束，总会具有一定的片面性。因此，体育教学内容必须体现出民族性和世界性相结合，既要保留优秀的民族体育内容，又要充分吸取来自世界各民族的优秀体育内容，将它们融合在一起，使之形成优势互补、功能齐全的体育教学内容体系。

4. 继承性和发展性相结合

继承优秀的传统文化是教学的重要功能。体育教学内容的选择无疑是要吸收我国历史悠久的传统体育内容，这就是体育教学内容的继承性特点。文化的继承是有选择的、具有批判性的，对于传统体育内容，我们在有选择继承的基础上进一步丰富其内涵，在保留其原有特点和精华的前提下剔除那些不健康的东西，使其更具有时代气息，这就是体育的发展性特点。

5. 统一性和灵活性相结合

体育教学内容要面向全体学生，它必须有基本的要求，有一个相对统一的标准，使体育教学有一个较为规范的目标。我国地域辽阔，各个地区的条件不一致、发展不平衡，教学的相关基础不在同一起点。即使是处于同一个教学阶段的学生，都会表现出明显的不同特点，因此，教学内容必须根据教学条件和学生特点，兼顾统一性和灵活性，才能有利于促进学生身心全面发展。

二、教学内容的特性发展与变革

（一）体育教学内容的特性

1. 体育教学内容与教育内容的共性

由于体育教学内容是教育内容的一个有机组成部分，因此，它首先具有与教育内容共有的特点，这些特点是：①教育性。体育教学内容的教育性体现在：对学生的身心发展有好处；摒弃了落后的东西、既有冒险性又比较安全、适合于大多数学生、避免过于功利性等五方面。②科学性。由于体育教学内容是在学校进行的有目的、有计划的、系统的、教学内容，因此，需要具有很强的科学性。体育教学内容的科学性主要体现在：具有丰富的内涵，是人类文化和科学的结晶；科学和文化含量高；内容的编制和教学遵循有关教学内容编制。③系统性。体育教学内容的系统性表现在：体育教学内容本身的系统性，以及根据教育的目标、学生不同年龄阶段的生长发育特点、教学环境和教学条件，认识体育教学内容的内在规律性特点，有逻辑地安排各个学校、各个年级的教学内容，并处理好它们之间的相互关系。

2. 体育教学内容的特性

体育教学内容除了在上述三点与其他教育内容具有共性外，还具有它的特性。体育教学内容的特性有：①运动实践性。运动实践性是体育教学内容最突出的特点。体育教学内容与体育实践活动密切相连，受教育者本人必须在从事这种以大肌肉群运动为特点的运动时才可能真正学好这些内容。当然，体育教学内容中也有知识和道德培养的内容，但是体育内容中的知识学习和道德培养，也必须通过运动学习和实践体验，这一点与其他学科的教育内容形成了鲜明对比。②娱乐性。体育教学内容来自于各种身体活动，而这些身体活动的绝大部分又是来自于人的娱乐运动，所以体育教学内容自然内含着运动的乐趣和娱乐性。体育教学的效果也受到体育教学内容娱乐性的影响，这也是体育教学内容与其他文化课内容的重要区别。③健身性。由于体育教学内容中的很大一部分是以大肌肉群的运动为形式的技能学习与练习，体育教学内容的学习就必然会对身体形成一定的运动负荷，参加体育教学内容的学习和练习时，都会对身体产生锻炼的作用。针对这样的情况，在教学实践中有很多追求体育教学内容健身性的努力，如在编制体育教学内容时根据受教育者不同的身心特点将这些健身作用进行科学化的设计和控制、在教学过程中对运动负荷大小进行合理安排等，可以说，体育教学内容的健身性特点是其他教育内容所不具备的。④人际交流的开放性。由于体育教学内容多是以集体活动的形式来进行的运动的学习和竞赛，而运动是以位置的变动方式来进行的，因此体育教学内容与其他教育内容相比具有更明显的人际交流的开放性。体育教学内容以这种人际交流的开放性为基础，使得体育教学内容的学习过程中的师生、生生之间的关系更加密切、开放。体育学习中的各种角色变化远远多于其他学科的学习。⑤空间的约定性。体育教学内容还有一个"空间约定性"的特点。这是因为有很多运动是在固定的场地上进行的，甚至是以场地来命名的。由于体育教学内容的空间制约性，使得体育教学内容对场地器材具有很大的依赖性，使得场地、器材、规则本身也成为体育教学内容的重要组成部分。

（二）体育教学内容的发展与变革

1. 体育教学内容的变迁与改革的课题

我们从历史阶段来看体育教学内容的变迁，可以看出体育教学内容有以下的变化趋势：首先，随着现代竞技体育运动的兴起和普及，正规的竞技体育运动正逐渐代替乡土性的体育教学内容；其次，体育教学内容的数量在减少，但难度有所增加；再次，体育教学内容中的娱乐因素逐渐减少；最后，体育教学内容所需要的运动器材越来越正规化。

上述这些变化，使得体育教学内容出现了单调、锻炼性强、要求教学规范化和场地器材条件高的趋势，由此而形成体育教学内容改革与发展的课题是：①改变体育教学内容趋于平纯的锻炼和达标相统一的趋势；②解决体育教学内容与学生社会体育活动之间的差距；③要解决学生因体育教学内容缺乏娱乐因素而不喜欢体育课的问题；④要解决与体育教学内容难度有关联的问题；⑤要解决乡土教学内容的开发不足的问题。

2. 学生对体育教学内容改革的呼唤

现在，许多学生对体育教学内容有所不满。学生对体育教学内容的意见，概括起来有以下几点：①总体上感觉体育教学内容枯燥。②对生理感受很痛苦的某些教学内容，有强烈的惧怕和反感。③对一些还不能理解教学内容意义、教学形式上又比较枯燥的内容比较反感。④学生对体育教学内容被达标项目所替代的现象很反感。⑤因为教学内容单调和平庸，学生对体育教师产生了不良印象。⑥学生对一些运动希望有一个较长时间的学习过程。

3. 体育教学内容改革的方向

从上面的分析可以看出，现在体育教学内容的改革已是体育教学改革最重要的方面，也是当务之急。教学改革应如何进行、朝着哪个方向进行，可以从过去教学内容的不足和新的体育教学理念中寻求答案。过去的体育教学内容存在以下五个方面的不足：①教学内容的设计反映以学生为主体不够。②过去确定体育教学内容时，只考虑到体育教学内容体系的完整性，对开放性和现代性重视不够。学生喜欢的由于受到各种条条框框的限制，难以选进教学内容。③确定教学内容的时候，没有处理好统一性和灵活性的关系。④体育教学内容偏多。⑤体育教学内容规定得过死。体育教学内容没有很好地体现体育教学目标。

有的学者认为今后体育教学内容的改进有以下几个方面：第一，以学生为本；第二，教学内容弹性更大；第三，明显淡化竞技技术体系；最后，教学内容更加概括，给教师和学生留出广阔的空间；第四，基本体操删去。去除大部分体育教学中不常使用的队形和队形变化的内容。除此之外，增加女生喜爱的韵律体操和舞蹈内容。在过去的体育教学中，体育锻炼的手段和方法限制得比较死，应选择一些锻炼手段，让所有学生都围绕规定的手段进行锻炼。现在的内容设置更多地考虑以学生为主体，进行了弹性设计。当然，由于场地设施、师资等条件的限制，目前还不可能做到适应每一个学生的需要。"放开"是可供选择，给一个"菜单"进行选择，但菜单再大，也有一个基本范围。

关于预测未来的体育教学内容改革：体育教学内容会更加多样，学生和教师选择体育教学内容的权限更宽，教学内容总体丰富多彩。体育教学内容将真正成为学生喜欢的并能达到身体锻炼目的的有用的东西。

4.体育课程与教材的选用

课程问题是任何一种学校教育的核心问题。这是因为课程集中体现了教育的要求、具体反映了教学内容，而且还是教育质量评估、教学水平评价的重要依据之一。仅从一个角度去评价体育课程、选择体育教材显然是不可取的。我们还应该看到，教材有一个合理的排列组合问题，即纵向组织原则和横向组织原则。教材的选择具有多样性。这种多样性不仅来自学生身心需要的多样性，也来自身体练习的多样性，那种"唯一"或"最好"是不存在的。而且体育对于健康教育内容的科学性、灵活性和多样性，给了体育教师在选用教材时更多的自主权、更大的余地。教材要多样化和具有开放性，要突出重点，不求面面俱到。处理好各水平阶段的纵向衔接与其他学科的横向联系，避免重复，同时注意在继承优秀传统体育文化的基础上吸收现代体育文化。体育教材应突出如下特点：

体育与健康教材应突出健身性。健身性是体育的本质属性。体育教材的选择要突出健身性，表现在以下几个方面：①要考虑健身价值不同的教材，练习的效果往往是不一样的，同样的教材对不同的对象在效果上也会不同。在实际运用中，它对大学生锻炼效果较好，但对小学生却不一定好。因此，教材的选用要根据特定对象进行。②要考虑教材对学生心理的影响。选用的教材要有利于培养学生顽强的意志、健康的个性和积极向上的心理品质。

③要考虑教材的优化功能。一般情况下，只要合理运用，体育教材都有健身的作用。运用时要争取优选出最具健身效果的教材。有两层含义：其一，要注意教材本身的健康价值；其二，要注意教材搭配所产生的最佳效果。

体育与健康教材要注意文化性。体育是人类所特有的一种社会活动，它具有继承性、民族性、时代性、世界性等文化特征。注意教材的文化性也就是要考虑体育教材的文化特征，即要注意对优秀传统教材的继承，使教材体系更具有时代气息、更加完整；使学生能形成正确的体育价值观念、良好的体育道德和符合时代要求的体育行为规范，实现身心的健康发展。

体育与健康教材要增强娱乐性。体育教学的主要目标是树立终身体育意识和形成终身体育能力。①体育教材的娱乐性是引起学生体育兴趣的重要因素。②体育教材的娱乐性有利于学生体验到体育运动的乐趣，领略到体育魅力。③通过参加具有娱乐性的体育运动，能使学生精神愉悦，有利于缓冲学生的紧张情绪，更好地提高学习效果。

体育与健康教材要具有典型性。体育教学的内容非常丰富，教材不但类别多，同类教材项目也多。因此，我们选择的体育教材应具有典型性。典型性表现在以下三个方面：①在能满足达成同一教学目标的各类教材中，选择最有代表性的教材。②在能达成同一目标的同类教材中，要选择最具代表性的教材。③选用的教材在同类教材中，在技术结构或身心发展上具有代表意义。体育教材是学生学习体育知识、提高健康水平、培养终身体育意识和能力的载体。

体育与健康教材要具有实用性。体育教材的实用性表现在以下几个方面：①体育教材对于激发学生的体育兴趣、掌握体育知识、培养体育能力、体育方法的训练和身心发展有积极的促进作用。②选用的教材在教学中要有适宜的教学条件做保证，使学生乐意将教材内容作为终身锻炼的手段，为其树立终身体育意识和培养终身体育能力奠定良好的基础。③选用的教材对于体育教学目标的实现有较高的价值。

体育教材要体现时代性。体育是一种社会活动，它是随着人类社会的发展而发展的。以现代奥运会为标志的竞技体育，每四年都要展示一些新的项目就是证明。

第二节　创新体系的组成与形式

一、构建高校体育教学创新体系

（一）教学思想创新

建立面向未来的"求知创新"和"健康第一"的教学思想，主要体现在两个方面：一是掌握过去和现在的体育知识技能是为了更好地探索未知的体育；二是掌握未来终身的体育和健康的知识与技能。长期以来，高校体育教学存在的最大弊端就是为了过去而教而考，其重心过于局限。如果掌握过去的知识仅仅是为了解决过去和眼前的问题，而不是面向学生未来终身体育的需求，那么，这样学习的体育知识和技能将失去应有的意义，这显然对学生解决未来体育的新问题十分不利。实践证明，大学生已经具备了一定的创新能力，如果把精力大多用在单纯记忆过去的知识上，那么就会影响学生的创新积极性。当然，学生掌握过去的体育知识技能，有利于创新。但目前高校体育教学，没有把更多的具有创新性的体育教学内容纳入课堂之中，更缺少引导学生创新的教学方法。更确切地说，教师"求知创新"的教学意识极为不强。其实，"求知创新"的教学思想在中国早已有之。从孔子的"温故知新"，到现代教育家陶行知"发古人未所发，明今人未所明"的教育的思想，皆是习旧求新的教育思想。因此，为培养学生的体育创新能力，贯彻素质教育和终身体育思想，建立为增进学生现实与未来的健康而教的"求知创新"和"健康第一"的体育教学思想，把体育与健康教育的知识与技能的过去、现代和未来融为一体，并使其重心向未来转移显得十分必要。同时，这也是高等教育面向未来的改革思想与学校体育"坚持健康第一"思想的统一。其中，高校体育从以增强体质为中心向以健身为中心转移，这其实是把健康教育与身体教育（体育）有机结合在一起的表现，也是增强体质与增进健康的统一。

（二）教学内容体系创新

1. 重视体育与健康教育相结合

现代体育教学已从传统的以运动技术为中心的传习式转向以增强体质为中心的新方

式。体育从生物学角度增强体质，在劳动力密集的重体力劳动时代是十分可取的。但是，在未来劳动强度日趋降低的知识经济时代，它对于全面增进健康却极为有限。世界卫生组织认为，健康是人的生物、心理、社会三者达到圆满的状态。因此，体育与健康教育结合系统地从生物、心理、社会三个层面增进。

大学生的健康是未来社会发展的需要，这也符合全国教育工作会议提出的"学校教育要树立健康第一的指导思想"。这就需要我们把身体教育与健康教育结合起来，构建新的体育教学体系。在这个新的体系中，身体教育是以增强体质和增进健康为目的的体育。体育未来是指人们根据未来社会和教育发展的变化，在体育理论教学和实践教学中，不断积极地探索体育自身发展与未来社会需求相统一的未知领域。在健康教育体系中，人的生理、心理和社会三维的健康是一个不可分割的统一体。传统的健康教育和过去的身体教育一样，偏重于从生物学角度研究人的生理健康或生物体能的提高，现在二者又转向从生物学和心理学两个方位研究增进人的身心健康。二者都有"社会的适应能力"的内涵，有人认为这一内涵就是个体在群众中为了生存与发展而进行的正常的互助、协作、交往和理解生存与发展的能力。这种能力可以促进个体主动适应社会，并与社会协调发展，这就是"社会健康"的基本内容之一。"社会健康"有广义和狭义之分。广义的社会健康是指采取科技与人文措施，抵制世界"公害"（自然与社会）的增加、促进人类社会健康的生存与发展；狭义的社会健康是指人类个体或群体能够具备关心理解、宽宏大量、互助与利他、团结协作的适应社会的能力。

2. 增加有助于培养学生体育能力的教学内容

过去，高校体育以运动技术教学为中心，注重运动型教育，忽略了体育方法教学。未来，重视培养学生体育能力的新型体育教学，在不忽视运动技术（体育手段）教学的同时，要十分重视体育方法教学（体育与健康相结合的方法）。体育方法教学，对学生而言，包括学法、练法和健康养护法等。健康养护法是配合身体锻炼需要、合理的饮食、睡眠、卫生、心理调节等保健方法。加强体育方法教学，要求体育教师在教学中不仅要传授运动技术，而且要把运动技术的健身原理、学法、练法和健康养护法等终身体育知识技能传授给学生。

3. 增加面向未来的教学内容

长期以来，高校体育教学内容以解决过去和现实的体育问题为重点；未来高校体育教学内容改革，应在探索中解决学生未来健身急需解决的问题。例如，体育理论课不但要传授现实体育锻炼、养护和观赏的知识，而且要积极探索传授未来社会所需的相关内容，找到高校体育与社会体育的连接点。其中，理论教学可以比实践教学稍微超前，这样能预测未来社会发展对体育的新需求，真正使体育教学更加富有前瞻性。

二、高校体育教学模式的创新改革

（一）明确教学目标，突破传统教学思想的束缚

我们都知道，只有在学习的过程中确定明确的目标，才能向着目标努力前行。同样，教师在教学过程中也必须树立明确的教学目标，抓住教学难点和重点，注重教学技巧。教师在向目标前进的过程中一定要冲破传统教学思想的束缚，摒弃一些旧的教学理念，大胆创新教学理念，勇于创新教学模式，将现代化元素引入课堂，使得体育课堂集娱乐、健身等于一体，遵循学生的发展个性，使学生在轻松愉快的氛围中取得进步。教师的教学目标不仅仅是培养学生的运动技巧和专业知识，更重要的是培养学生的终身体育意识，提高学生的体育能力，帮助学生增强体质，提高学生的综合素质，推动高校体育教学向着积极的方向发展。

（二）注重高校体育课程结构的优化

对我国高校体育教学进行研究，不难发现，其教学内容大同小异。各个高校大多按照统一的教育计划来制订教学目标，其教学目标也十分相似，此种方式的教学，不利于学生创新精神的培养。因此，要想实现高校体育教学的创新，必须实现高校体育课程结构的优化，在课程结构优化的过程中，我们要注重信息知识和技能技巧的创新。同时，也要将素质教育创新作为核心内容，努力做到使学生在提高自身身体素质的同时，提高自身的综合素质，促进学生的全面发展。

（三）注重教师素质水平的提升

要想实现高校体育教学的创新，在注重课程优化和教学目标制订的基础上，提升教师的业务素质水平也非常重要。因此，相关部门和领导要注重师资队伍的建设，要大力引入具有创新性思维、授课方式较为个性的教师，鼓励教师积极参与体育教学科研项目，培养教师的科研精神。在科研过程中激发教师的创新能力，这样教师才能更好地在教学过程中培养学生的创新思维，实现高校体育教学模式的创新与改革。

（四）更新教育观念，树立创新意识

开展创新教育，不仅需要一定数量的教师，而且需要素质过硬的创造型教师。也就是说，没有一支具有良好素质的教师队伍，创新教育就不可能顺利进行。具有创造精神的教师，能够利用一切机会和条件激发学生的创造欲望，满足学生的心理需要，并能够不失时机、随时随地进行创造素质培养。

现代心理学对创造心理的研究表明，创造力可以表现在人类的各种社会实践活动中，诸如身体运动、语言等方面，人们都可以有出色的发展和表现。因此，要真正承认学生有创造力，就要去发现学生的创造力，认识学生的创造力。传统教育观念以传授知识为核心，以培养熟练掌握书本知识的人才为目标，因此必然导致学生以教师、课堂、书本为中心，这不利于学生创造心理素质的培养。现代教育观以培养创新能力为目标，倡导以学生为主，积极引导学生勇于探索、积极思考，直至领悟知识的形成和发展规律，并在探究中培养学生的创新能力。以实践操作为主要手段的体育教学，要做到体育知识与运动实践的有机结合，教师应科学地设计教法，合理地选择学法，设计学生参与学和练的整个过程，努力创设贴近学生生活实际、适应社会需求的体育锻炼环境和运动训练项目，重应用、重实践，在应用和实践中培养学生的创新意识、创新精神和实践能力。

三、高校体育课程体系系统设计思路

（一）思想观念方面

思想观念是构成高校体育课程系统的最高层次，教学指导思想和教学观念决定着高校体育课程的现实状态和发展方向。近年来提出的"体质与健康教育""素质教育""终身体育"等教育模式，无一不是以先进的教学思想、观念为理论基础。

首先，高校体育课程指导思想要有大的转变，这就是突出强调体育的学力形成。"学力"是由学习动机、学习方法、可持续独立学习的态度三个要素组成，也可称之为"自我教育力"。现代教育十分注重"学力形成"的培养，强调"自我概念""自我形成"和"自我教育力"的重要性。大学时代是学生形成人格和个体社会化的重要时期，注重自我健康能力与自我体育能力的高校体育，对于学生"终身体育与终身健康"的能力培养和行为形成十分重要。

其次，高校体育课程要有新的内涵，这个内涵就是基于大社会健康观和社会体育观的思想而形成新的体育教育观。现代科学技术文化的发展，揭示了社会条件在人的生命活动中的重要作用，人们对于"健康"与"非健康"这一系列有关生命质量与生存价值意义的基本概念，在认识上发生了根本性的变化。从传统的"生物学模式"到新型的"生物—心理—社会模式"的转变，人们把人的生物学特征与社会特征相结合，把人的心理活动与生理活动相结合。体育作为提高生活质量的组成部分，走进人们的生活是未来生活结构和生活方式的必然趋势。因此，未来高校体育课程必须把握健康与体育的本质联系，提高学生全面素质，通过体育教育培养学生的终身体育和终身健康意识、能力及行为。

（二）课程与教学方面

根据辩证唯物主义观点和古今中外无可争辩的事实，在教学中，学是主体，教是为学服务的。高校体育教学从"教师主体"向"学生主体"的重心转移，意味着"体育技术、技能中心"向"体育方法、体育动机、体育活动、体育经验中心"的重点转移，但这种转移并不意味着完全否定体育技术和技能的必要性。从体育课程设计的角度而言，它意味着教学必须从"教师中心型"向旨在自我教育的"环境活用型"转变。支撑课程与教学的基本观点集中反映在"学力观"方面。

我国高校体育课程长期以来强调"三基"（基本知识、基本技能、基本技术）有其合理的内涵，但不够全面，需要做出修正与补充。因为它丢失了"学习"中最基本、最能动的要素——"态度"。现代学力由"显性学力"和"隐性学力"组成。前者以"知识、理解、技能"为代表，后者以"关心、动机、态度"为代表。动机、态度等是支撑显性学力的"隐性学力"，后者在当代更加受到重视。这是因为"隐性学力"有可能使个人终身获得"显性学力"。高校"终身体育与终身健康"的素质教育，就是加强"隐性学力"，使高校体育成为完整的教育。

（三）操作实施系统

高校体育教学向自主学习转化，现代教学技术与手段的广泛使用促使高校体育教育过程由权威式传递知识向指导学习者自主学习的方向转化。转化的主要特征是：第一，强调教师的主要职责是了解学习者的需要，发挥好指导作用，发挥学习者的自主性；第二，重视个性，增加学习内容的灵活性和选择性，指导不同程度的学生选择符合自己发展的教育方向；第三，指导学生以自学为主，掌握体育锻炼方法和学习方法，着重培养学生的体育自学能力，尤其是持续性的体育自学能力；第四，重视学生思想意识发展的指导，寓思想教育于整体体育教学之中，增强学生的社会责任意识。

四、高校体育课程体系系统设计策略

（一）高校体育课程模式设计分析

1. 设计的理论依据与实践意义

高校体育课程模式的设计，是出于对体育工作的各构成因素及其相互关系的本质认识，是达成学校体育教育目标的必然出路。通过对学生在校期间的体育活动进行系统的设计与管理，可以有效地提高学生参与体育运动的积极性，提高运动促进健康的科学性。把课内与课外、校内与校外有效地结合起来，充分利用现有的体育资源，调动学生积极主动地参与体育运动，让体育运动成为学生学习生活的一部分，营造一个良好的体育运动生态圈，使学生养成良好的体育锻炼习惯。

2. 高校课程模式的构建

高校体育课程的目的是"增强体质，增进健康，改善学生生活方式，提高生活质量，促进社会经济健康、文明发展"。以此为基点，根据对高校体育的理性探讨，我们构建了教学型、竞赛型、综合型三种基本课程模式。教学型的课程模式主要有课堂高校体育课、健身馆训练；竞赛型的课程模式主要有班级竞赛、校级比赛、社会竞技赛；综合型的课程模式主要有课外俱乐部、家庭与社区活动、假期体育运动（拓展训练、定向越野、野外生存训练等）。

3. 体育课程模式的特点

高校体育要以"增强体质，增进健康"为指导思想，打破传统简单的体育课程模式，树立现代高校体育的价值观，建立适应现代体育教育发展趋势的活动体系。其课程模式的系统设计必须以崭新的面貌出现，变平面教学为立体交叉的体育活动文化圈，使高校体育课堂教学具有面向全体、形式灵活、内外结合、循序渐进等特点。

高校体育活动虽然受到教学体制和场地设施的限制，但是体育运动本身具有丰富多样性。体育教学应使每一个学生积极主动地参与活动，对于高校体育课程而言，依然如此。所谓面向全体，就是指做到所有人都参与活动，人人都拥有健康的权利，这就要求针对不同的人群来设置不同的活动圈。形式灵活是指高校体育活动要打破程式化的组织方式和烦琐化的内容，在项目设置上对不同的群体实行区别对待，让具有不同爱好的人都能够自由地选择体育项目和活动方式。所谓内外结合，就是指学生参与体育运动不仅是课内作业，还要实现课内与课外相结合、校内与校外相结合，让学生掌握一到两项体育技能，以便更好地参与到课外以及校外的体育活动中去。循序渐进是指活动本身具有一定层次性、顺序性。完整的体育运动圈是一个由低向高渐进发展的过程，高层次的运动竞赛是由较低层次的体育活动效果决定的。其组织形式具有多样化特点，必须兼顾不同群体的需要。我国部分高等院校采用的单项协会制，以及学生自发组织的篮球、足球等联盟都反映了这一特点。

（二）高校体育课程体系的系统设计

1. 操作实施

高校体育课程由教师主导转向学生自主参与、自行组织和师生共建。教师要了解学生的身体素质和运动需求，为学生提供必要的场地和设备便利，指导学生自主学习和锻炼。教师要重视学生的个性，增加学习内容的选择性和灵活性，指导不同素质的学生参与符合自身发展特点的运动项目，让学生掌握学习和锻炼的方法，以便学生持续进行体育学习和锻炼。现代化教学手段的广泛使用，使课堂教学可以突破时间与空间的限制。教师可以将教学录像传到网上或者刻成光碟，以便学生可以自由选择时间和地点进行学习。此外，教师还应重视对学生运动组织能力的培养，提高学生的体育管理能力，增强学生的社会责任意识。

2. 课程设置

在课程设置方面，要满足学生的多元化需求，即生活化、实用化、社会化、个性化以及终身化。目前所采用的选项体育课就是非常好的教学模式，高校应该不断扩大师资力量，改善体育教学条件，开设尽可能多的体育项目，以便学生可以根据自己的特长和兴趣爱好自由选课，让学生做自己喜欢的事情。还可以开设比较高端的体育项目，如瑜伽、健美操、保龄球、跆拳道，真正实现体育教学的"三自主"模式，即学生自主选择运动项目、自主选择任课教师、自主选择上课时间。

3. 教学管理

体育教学要真正发挥提高学生体能的作用，就需要提高教学质量，优化体育教学模式，而其关键则在于管理。同样的课程内容和模式，没有强有力的教学管理，必定很难让学生真正参与其中，从而提高学生的身体素质。体育教学是以实践为主的课程，要获得实效，必须突出其专业性，注重手段与方法的科学性，让学生掌握专业的运动技能，从而积极主动地参与体育锻炼。因此，体育教学管理应当结合自身的特点，适当借鉴其他学科的管理办法，对学生进行专项的身体素质和基本动作训练及考核，从而保证学生至少能够掌握一到两项运动技能。

第三节　高校体育课程体系的应用

一、我国高校体育活动课程开发的必要性和可行性

（一）高校体育活动课程开发的必要性

1. 有助于高校体育课程价值的实现

高校体育活动课程开发有利于实现高校体育学科课程和体育隐性课程价值，实现高校体育课程之目标，使广大大学生回归体育的"真我"，完成由"厌体"向"乐体"的转变。

（1）有助于实现高校体育学科课程的价值

第一，有助于大学生学习体育学科课程。高校体育活动课程最显著的特点就是其活动性中体现出来的实践性，在体育活动课程的实施中，通过师生共同的实践，既可验证课堂教学中所学的体育学科课程，又可广泛地应用体育学科课程知识，使学生所学的体育知识更加巩固。体育活动课程能够为学生提供平等、民主的师生关系和各种实际操作、体验的机会，学生在体育活动中可以互相合作学习，在实际情境中探索和发现，有助于消化体育学科课程知识，尽快地理解体育学科的课程教学内容。体育活动课程的学习可使学生在体育活动中获得第一手的直接经验和即时信息，为体育学科课程教学提供一定的前提准备。

第二，在教学方式上，高校体育活动课程是对体育学科课程的重要补充。体育活动课程既是课程，又是方法。谈课程，是由其本质特征决定的，谈方法，因为它体现出一种教学思想，即活动教学。体育学科课程教学方法比较多，实效也比较明显，但运用体育活动课程的活动教学方式，或部分引入活动教学方式来组织教学，较单纯采用学科课程教学方式，学生的体育兴趣会更浓，练习的积极性会更高，学习效果会更加显著。

第三，有助于体育课程自身的发展，帮助其实现价值转化。从体育学科课程化的历史进程来看，先前许多仅在课外体育活动中出现的一些竞技运动和民族传统体育项目，在教育工作中发掘出它的课程价值后，逐步被纳入体育学科课程体系之中，成为其重要组成内容之一。体育活动课程同样可以作为这种演变的媒介，促进与体育学科课程的共同发展。

（2）有助于实现体育隐性课程的价值

第一，高校体育活动过程有助于体育隐性课程教育功能的进一步明确化、系统化。从整个高等教育的目标出发，可以将需要的体育隐性课程所蕴含的教育性经验寓于一定方式和内容具体化的体育活动中。通过体育活动课程内容、目标手段实现对体育隐性课程内容和目标的计划和控制。这样就可使体育隐性课程的教育功能通过体育活动课程的实施这一载体进一步显现出来，使之明确化、具体化。同时，体育隐性课程的教育影响通过系统的体育活动课程而间接地系统化，从而影响大学生体育健身、价值、审美等观念的建立，促进高校体育教学和谐学风的形成。

第二，高校体育活动课程有助于推动体育隐性课程功能的有效发挥。体育隐性课程对学生的教育影响并非总是有效，学生接受的影响很可能无效，甚至是负效。重视体育活动课程设计和实施过程中的积极指导，对提高体育隐性课程功能的有效性十分有益，它可以使负效变为正效，甚至高效。

2.有助于实现高校两种教育目的指向的隐性统一

一种观点认为，高校体育活动课程目标具有"散漫性"，因而在活动课程的组织与实施过程中无须编写大纲和教材，否则就违背了体育活动课程灵活性强、自主性大的本意，会束缚教师的手脚，加重教师和学生的负担，使体育活动课程变成另一种形式的体育学科课程，因而无法发挥其"活动"作用。该观点在强调体育活动课程灵活性的同时，忽略了一个最基本的问题，即教育作为一种规范性活动，其目的与目标是与生俱来的。

众所周知，教育是一种有指向的、有目的的事业。其指向与目的有两种：第一，以学生为中心的教育目的，教育工作者以增进学生的利益为教育目的，一方面增强学生的理解力，另一方面塑造学生的气质，使他们的行为按某种方式进行。教育是通向最终目的"成长"的过程，或者说是"发展"的过程，这个最终目的与目标被不同地表述为"个性的培养""自我实现"或"人的潜能的充分发展"。第二，以社会为指向的教育目的，社会经济、道德目的与学生利益相统一，把道德自律引入社会的经济、政治目的。教育目的的实现除社会经济条件以外，主要依靠教育系统内部所需的条件，学校的组织必须选择科学的方式与合理的安排，因而"课程体系"就成为基本的教育概念。无论何种课程，其目标都是以学生为中心的教育目的与以社会为指向的教育目的的有机统一。需要说明的是，不同方式的课程，其目的的指向与融合方式相应有所不同。

3.有助于大学生个体素质的全面健康发展

（1）有助于知识领域的拓展

高校体育课程注重扩大学生的知识面、拓宽体育技能的领域，这是培养现代人才的重要措施。体育学科课程对学生知识、技能的拓展发挥着主要作用，但是从前人继承而来的健身健心的经验具有相对的稳定性，加之我国部分高校体育课程的教学受教材、场地、器材等限制，在一定程度上不利于大学生体育知识和技能的进一步拓展。相比之下，高校体育活动课程在此方面有着自身的优势。

（2）有利于多项能力的培养和训练

高校体育活动课程为大学生的积极思维创造了丰富的问题情境，能够激发学生积极思考和大胆想象，使学生努力发现、寻求、创造解决问题的新方式和新方法。体育活动课程向学生提供的问题情境较之体育学科课程更加富有变异性，因此，大学生不断地变换思维的角度和方式，有助于训练思维的广阔性和灵活性。无论是动作思维能力，还是形象思维能力都能得到培养和发展。体育活动课程为学生思维的心智操作提供了交流机会，学生与学生、学生与教师，甚至学生与外界人士之间平等的交流机会可随机产生，在一些社会性体育活动中，学生还可以同社会上参与该活动的有关人士进行交流，这是体育学科课程无法做到的。体育活动课程可有效地调节大脑机能，调剂学生脑力工作的负荷和节律，保持大脑充沛旺盛的精力，这对于活跃思维、培养各种思维品质有着巨大的推动作用。

（二）高校体育活动课程开发的可行性

1. 高校体育活动课程开发的理论依据

（1）人本主义理论

人本主义理论为高校体育活动课程开发奠定了良好的基础。人本主义理论又称人性中心课程，主张使每个人都得到充分发展，使个体具有独立自主的人格。它认为，认知仅是教育目标的一个内容，智力的发展也仅仅是人的全面发展的一个方面，认知的发展本身还受其他许多因素的制约，特别是情感等非智力因素，每个人的认知行为都有着某种性质的情感行为与其相对应。人本主义理论同时还强调，人格的发展受社会因素制约，完善的人格应是一种适应社会的新人格，而每个人都具有个体我和社会我双重人格，塑造社会我便是教育的目的，重视个性的完善是现代教育的最大趋势。

（2）素质教育理论

素质教育从本质来说，就是全面贯彻党和国家的教育方针、以提高全民族素质为根本宗旨的教育。素质教育着眼于受教育者和社会长远发展的要求，以面向全体学生、全面提高学生的基本素质为根本目的，以培养学生的创新精神和实践能力为重点，承认学生的个体差异，注重因材施教，使每个学生都得到生动活泼、积极主动的发展。为学生获得终身学习和生存与发展的能力打好基础，使学生成为身心全面发展的人。

（3）多元智能理论

多元智能理论以其独特的智能诠释和极大的整合性，成为目前我国最具影响力的教育理论之一。20世纪80年代，美国哈佛大学心理学教授加德纳提出了一种有关人类智力的全新理论，即智能多元论。加德纳认为，每个人至少有七种智能：语言智能、音乐智能、逻辑—数学智能、空间智能、身体运动智能、自我认识智能、人际交往智能。除此之外，多元智能理论用发展的观点提出，可能还存在新的智能形式，例如，博物学家智能、存在智能等。人的智能既是生物学产物，又是以文化教育为依托的结果，因此每个人都拥有自己独特的智能领域和优势智能。多元智能理论突破了传统智能理论将智能简单定位于一种语言能力和逻辑—数理能力的局限性，认为智能是在特定的文化背景下或社会中，解决问题或制造产品的能力。智能不是单一的，只不过每个人的智能强项和弱项各不相同，不同人在解决问题和制造产品的时候，组合运用这些智能的方式和特点不同。

2. 高校体育活动课程开发的现实基础

（1）高校体育教育资源丰富

首先，高校是受教育者接受教育的最高学府，是科教兴国的龙头和核心。它云集了高学历、高职称的高层次体育专门人才，他们不但具有较高的体育理论知识水平，而且具有非常丰富的体育实践经验，能够有机地将体育理论与实践结合在一起。同时，高校体育教师与国内外和校内外工作、学术交流频繁，具有最畅通的信息交流系统。加之政府和学校体育教育资金不断地大量投入，高校体育办学基础和办学条件持续得到加强和改善，拥有最完备的体育教学器材、场地和各类体育设施。此外，不同地区、不同类型的高校均有其自身的优势，学生、学校和社会的现实生活蕴藏着丰富的体育素材和取之不尽、用之不竭的体育活动课程资源。

（2）高素质的体育活动课程开发团队

高校体育活动课程开发是指高校体育教师在领导和专家的指导下，从高等教育的培养目标出发，通过与学生、家长、社会相关人员等各有关方面共同合作，以学生体育兴趣和动机为基础，以学习者为中心确定课程目标、设计课程内容、实施方案及评价体系等一系列计划周密的活动。高校的行政领导、课程专家、体育教师以及学生、学生家长和社会相关人员等都是课程开发的主体。他们整体素质高、合作意识强，容易形成高效率的体育活动课程开发团队。尤其是高校行政领导的管理水平和体育教师的素质高低以及大学生参与课程开发意识的强弱，在体育活动课程开发中起着举足轻重的作用。我国高校行政领导整体学历高、职称高、管理水平高，有的行政领导甚至是课程改革的专家或知名学者，他们在指导和管理活动课程开发方面具有较强的理论优势和丰富的实践经验。体育教师知识水平高，具备丰富的教育专业理论和精深的体育运动技术与技能，他们在体育活动课程实施中能够充分利用自己准确的语言进行讲评，同时还能以优美舒展的动作进行示范，满足大学生强烈的体育求知欲，激发他们锻炼身体、掌握运动知识和技巧的兴趣及积极性。处于青年阶段的大学生身体发育几近完成，在身体素质、运动技术技能和智能水平等方面较中小学时期有很大的进步和提高。他们头脑灵活，思维敏捷，知识的迁移性、融通性强，能较快地建立条件反射，在体育活动课程中能较好地掌握十分复杂的动作，并富有创新精神。他们整体素质高，直觉判断准确，容易理解和接受新鲜事物；他们朝气蓬勃，意气风发，愿意与人交往，具有较强的团结协作精神。

二、我国高校体育活动课程体系开发应用

（一）高校体育活动课程目标体系的建构

1. 以健康教育为指导，促进大学生身心的和谐发展

健康拥有三个维度：无躯体疾病，无心理疾病，具有良好的社会适应力。体育活动课程的健康目标，具体来说，就是在躯体健康方面能测试和评价体质健康状况，并能根据自己的实际需要合理选择、掌握有效提高身体素质、全面发展体能的体育知识与方法，树立终身体育的思想。同时，能养成良好的饮食行为习惯，形成健康的生活方式；在心理健康方面，能够运用适宜的体育方法调节自己的情绪，并能自觉通过体育活动改善心理状态、克服心理障碍，养成积极乐观的生活态度；在社会适应力方面，能够表现出良好的体育道德和合作精神，正确处理竞争与合作的关系。

2. 以终身体育为目标，激发学生自主和自觉学习体育的兴趣

培养大学生对体育运动的兴趣和爱好、独立锻炼身体的能力，为终身体育奠定基础，

是各国高校体育课程改革的一个共同趋势。根据相关调查，各院校的领导对这类目标环节给予的重视和投入较为不足，这也在一定程度上影响着素质教育的进一步推进。因此我们认为，对 21 世纪我国高校体育活动课程目标的规划研究，必须把全面培养大学生的体育能力、综合能力以及对未来社会工作的适应能力，提高到一个更加紧迫、更为核心的位置，从而使我国高校体育课程目标更加旗帜鲜明地为新世纪人才战略提供服务。

3. 以人文教育为基点，提高大学生的体育认知水平

每一个人通过教育不仅能获得知识的增加和智力的发展，而且能获得整体的人生经历、整体的精神洗礼。体育活动课程并非不注重体育知识目标，但它更强调体育知识的综合性、及时性、创新性和广博性。因此，我们在高校体育活动课程目标的阐述中放弃了知识目标的称谓，选用"认知目标"这一提法。知识目标是体育学科课程在中小学时期的首要目标，高校体育活动课程则更强调直接经验和实践运动能力，"认知"含有"认识、感知"之意，更符合活动课程的精神实质。体育活动课程强调大学生掌握的知识不仅仅是体育教科书上规定的内容，也不是对书本知识的简单加深和拓宽，而是强调大学生把学到的体育学科知识加以综合并运用到实践之中，解决一些实际问题，让大学生对所学体育知识有更加深切的体验和感受。因此，这种认知目标取向有助于认知与情感、态度的整合。

（二）高校体育活动课程模式设计

1. 课程体系

科学的体育活动课程体系是围绕体育活动课程目标建立起来的涵盖教材内容、教学过程、教学组织、教学计划、教学方法、教学关系、教学内容安排、单元规模、考核办法以及教学评价等多个层面内容的教学体系。

2. 课程设置

体育活动课程设置是指根据体育活动课程目标的要求，制定体育活动课程的形式、教学时数，注意教学内容的系统性，拓宽知识面，开设跨学科或交叉学科的理论课。高校体育活动课程纳入大学体育课程的教学大纲、教学计划，作为重要的培养模式，占体育课程总课时的 20% 左右。它面向全校学生开设，开设后学生可以继续体育学习，也可继续获

得学分。课程的类型可分为基础课、专项课、必修课、选修课、体育俱乐部、高水平运动队训练课。时间安排在双休日或课余时间。学生每学期必须参加 1 ～ 2 项，每周 2 ～ 3 学时，第 1 学年开设必修活动课，第 2 ～ 3 学年开设选修活动课。可由学校具体体育部门定老师、定班级、定内容向学生开课，也可让学生自选时间、自选内容、自选课程类型、自选体育教师参加。总之，各年级的教学任务、教学重点与课时可灵活安排。

（三）高校体育活动课程开发实施方案

1.高校行政的领导和管理

（1）建立组织机构

第一，成立体育活动课程开发领导小组，由校长、主管课程开发的副校长以及教学科研中心、教务处、学生处和体育部（组）的负责人组成。其主要任务是对体育活动课程的开发作出正确决策，予以全面部署，组织人力物力，协调各方关系。第二，成立体育活动课程开发指导小组，由本校教学科研中心的负责人和一些资深体育教师组成，必要时可聘请校内外课程专家参与。其主要任务是起草体育活动课程开发的总体方案，组织体育教师学习有关课程改革的重要文献和最新理论，帮助体育教师正确进行体育活动课程的设计，促进体育教师组同校内外专家的联系与合作，组织专题研讨与经验交流。第三，成立体育活动课程开发的体育教师小组，按照体育活动课程开发的不同运动项目来分别组建。其主要任务是学习课程改革的重要文献和最新理论，制订本运动项目的开发方案，编写《普通高校体育活动课程纲要》和《普通高校体育活动课程教学指导书》，为学生提供必要的参考资料。这三级组织机构应组成一个有机整体，通过建立和贯彻合理的规章制度来形成快速高效的运行机制。

（2）分析学校现状

高校现状分析主要包括两方面的内容：一方面，对大学生体育需求的现状分析。深入调查各年级学生身心发展的特别需要，即他们在学习体育学科课程时未能得到满足的合理需要。可发动体育教师通过问卷和访谈的方式分别对各年级学生及学生家长进行调查研究，并作出初步结论；另一方面，对本校及周边社区体育资源的现状进行分析。深入调查本校和周边体育资源的优势，包括体育教师的综合素质和特殊才能、校园文化生活、图书资料、信息技术设备、活动器材与场地、办学经费以及社区能够提供的体育课程资源。通过这两方面的调查研究，明确体育活动课程开发的必要性和可能性，从而初步确定本校体育活动课程开发的主要内容及体育项目。

（3）开展体育师资培训

高校体育教师是高校体育活动课程开发的主要执行者。只有开展以校为本、有的放矢、优质高效的师资培训，才有可能真正发挥体育教师在体育活动课程开发中的主体作用。培训拟解决的主要问题包括：第一，强化课程意识，树立明确的教育观、课程观和教学观，能辨别和抵制体育活动课程开发中出现的一些不正确的观点和行为；第二，明确体育活动课程开发的重大意义，了解体育活动课程的含义及特点；第三，领会体育活动课程设计的基本理论和基本方法；第四，领会体育活动课程学与教的特点，开展生动活泼、优质高效的教学活动。

（4）加强体育活动课程试验管理

学校行政对体育活动课程试验的管理主要包括以下四个方面的内容：

第一，指导试验小组制订课程试验方案，编写活动课程的教学指导书（教师用书）；

第二，安排课程试验的教学时间，提供活动场地（运动场地）、试验器材与试验经费；

第三，检查试验进展情况，帮助试验小组解决试验中存在的突出问题；

第四，部署课程试验的检测和总结。

2. 高校体育教师小组的体育活动课程开发程序

（1）研究学生的特别需要

学生的特别需要是指学生在体育学科课程中没有得到充分满足的有关他们身心发展的合理需求。例如，一些学生对某一体育知识领域的浓厚兴趣，或对某些实践问题的特别关注以及对学科课程中某一内容的广度、深度不满足等，都属于学生身心发展的特别需要。体育教师小组须通过学生、学生家长和有关社会人士深入调查和研究学生的特别需要。在调研时，不能只注意学生的眼前需要，更要重视学生成人成才的长远需要；也不能只考虑学生对某一体育项目的特别兴趣，还要关注学生对体育综合性学习的需要。此外，对学生家长和社会人士的要求也必须采取分析的态度，只能择其正确意见而从之。

（2）设计体育活动课程纲要

《普通高校体育活动课程纲要》是由高校体育教师小组设计的关于体育活动课程的基本标准，它是编写教学指导书，是师生进行教学和有关方面进行教学评价的依据。《普通高校体育活动课程纲要》一般由"说明部分"和"本文部分"组成："说明部分"主要说明体育活动课程的名称、开发的目的、适用年级和教学时数；"本文部分"规定体育活动课程的具体目标、具体内容、学习方式和实施建议。

（3）编写教学指导书

《普通高校体育活动课程教学指导书》由导言部分和本文部分组成：导言部分简要阐述高校体育活动课程的特点、开发的目的、活动方案设计的方法、指导工作的要求和方式方法，强调满足学生的特别需要，防止和反对按照高校领导层及体育教师的需要来进行"设计"。同时，要强调让学生在活动中进行学习的思路，防止和反对"学科化"。本文部分，根据《普通高校体育活动课程纲要》所列本课程的一个个主题或课题，设计一个个富有开放性、弹性的框架式学习活动方案。每一个框架式学习活动方案主要包括五项内容：第一，活动目标：即"多维"目标体系，以健康教育为指导，促进学生身心的和谐发展；以人文教育为基点，提高学生的体育认知水平；以终身体育为目标，激发学生自主和自觉学习体育的兴趣；以发展个性为导向，培养学生的潜在创新意识和能力。第二，活动内容：高校体育活动课程内容的选择，要围绕课程的育人目标来选择。开设体育活动课程的目的在于，通过灵活多变的方式培养大学生的思想政治素质，掌握获取体育信息的能力和方法。培养和提高合作精神和合作能力、与人沟通能力、表达能力、独立性和创造能力，培养自身兴趣和个性。第三，学习方式：根据活动目标与活动内容的要求，确定在活动中进行体验和探究的具体学习方式和方法。第四，教学过程：包括活动准备、活动指导人、活动实施、总结评价四大步骤或四个阶段，以活动实施为主。在从活动指导人到总结评价的学习活动过程中，要精心设计或师生共同安排六大活动要素，即情境、问题、信息、思考、操作、总结，要使这六大活动要素有机地结合起来。第五，实施建议：对学习活动的灵活组织、学生的主动性和创造性的充分发挥以及体育教师的恰当指导提出参考性意见。

（4）进行课程试验

体育活动课程试验的主要任务是，在体育活动课程开发的正确理念的指导下，围绕《普通高校体育活动课程纲要》提出的课程目标、课程内容、学习方式以及课程实施的建议进行试验；通过试验、检验和修订课程纲要及教学指导书，探索体育活动课程教与学的基本原则、方式方法和组织形式，充分发挥学生的主动性、创造性和体育教师的指导作用。为了完成课程试验的任务，高校体育活动课程开发指导小组要制订课程试验方案，培训试验教师，组织一系列精心设计的研究课，有步骤地进行小结和研讨；最后，按照课程试验任务的要求，提交研究报告和其他研究成果。

第三章

高校体育教学内容的创新

第一节 体育教学内容概述

教学内容是教学体系中非常重要的一个部分，高校体育教学中，教学内容是体育教学活动开展的重要依据，在体育教学中，体育教师和学生围绕体育教学内容展开各种体育教学活动，实现体育教学内容从教师的输出到学生的输入，再形成师生之间的交流与反馈，并最终达成体育教学目标。

一、体育教学内容的概念与特点

（一）体育教学内容的概念

体育教学内容，指在体育教学中对体育知识和技能体系等方面的选择和运用。在体育教学中，教学内容是实现教学目标的重要物质载体，体育教学活动的开展，以体育教学目标为指导，以体育书面或电教资料中的知识与技能为载体，转化为学生的知识与技能，这一转化过程的所有内容即教学内容。

可以通过以下几个方面深入理解体育教学内容：

（1）教学的材料和依据。

（2）以实现体育教学目标为指导。

（3）教师从多元体育教材内容中的优选结果。

（4）教师与学生的沟通中介。

（5）制约体育教学方法和教学手段的选用。

（6）决定体育教学的效果和质量。

（二）体育教学内容的特点

1. 教育性

体育教学内容在体育教学中具有重要作用，它是教学活动开展的重要基础，教师和学生根据教学内容开展各种教学活动，教学内容帮助师生分别完成教学任务与学习任务。

体育教学内容的教育性具体表现在对学生的身心发展的促进、良好体育习惯的培养、体育素养的培育、体育道德与精神的培养等方面。

2. 实践性

体育教学是以身体实践活动为主要形式的教学。体育教学内容的实践性表现在其对学生的身体活动指导的内容方面。

现代体育中，体育教学实践内容在体育教学内容中占有很大的比例，通过该部分教学内容的传授，学生通过身体练习掌握运动项目的参与方式、方法与技巧。通过实际从事运动学习和身体锻炼，学生在身体运动中体会肌肉本体感觉的形成与动作记忆，解决其身体体育实践参与的各种问题。

3. 健身性

体育教学内容围绕体育展开，用于实现体育的教育功能，其中，最主要的功能就是健身功能，因此，体育教学内容具有健身性，在体育教学内容的展示、传输过程中，师生理解体育知识、掌握体育技能，实现对身体和心理的建设，促进身心的健康发展。

就体育教学内容的最直观和基础性的目的来说，就是通过引导学生的身体参与来增强学生的体质。体育教学内容要突显出健身性，就是要因人而异，学生通过参与不同的体育教学活动，来实现自我身心健康的发展与提高，各活动内容中，负荷应科学合理，符合学生特点，否则就可能超过学生的身心承受范围，不能对学生的身心健康发挥积极影响，或者可能超过学生的身心负荷而对学生造成一定的伤害。因此，在体育教学中，只有对学生身心有益、可促进学生身心健康发展的教学内容才是科学的教学内容。

4. 娱乐性

体育具有娱乐性。体育教学活动的开展要实现具体的教学功能，就需要学生的有效参与，而体育教学内容的娱乐性能有助于调动学生体育参与的积极性。学生主动和积极参与体育活动，是实现教学有效性的基础。

体育活动在人类社会发展历史中流传至今，很大一部分原因是取决于其娱乐性，人们参与体育活动，是对平时繁忙学习和工作的一种有效调节，并从体育活动中得到身心健康发展的益处。体育教学内容也要突出体育活动的娱乐性，通过科学的体育教学活动组织、设计，引导学生积极参与，以收获良好的体育教学效果。有时为了更好地促进学生对体育教学内容的关注，教师会专门选择一些娱乐性强的体育教学内容。

5. 交往性

体育活动参与具有重要的交际交往价值，而且这种交际和交往具有开放性，任何人都能参与体育活动，都能在体育活动中结识具有相同运动兴趣爱好的人，并巩固和发展彼此之间的关系。

与其他学科的教学内容相比，体育教学内容的展示过程中，师生之间的互动更加频繁，教学空间更加开放，更有利于促进学生的社会性发展。此外，体育教学的学生集体参与体育活动，有竞争，有合作。这种教学活动参与形式也有助于学生的交互性发展，在体育活动中集体之间共同构成一个社会性的交往环境，不同的运动者在其中可以体验不同的社会角色，正因如此，参与体育活动可以促进运动者的社会性发展。

6. 非逻辑性

体育教学内容复杂，体育教学内容的排列并不是直线递进式的，而是复合螺旋式的，它是由众多相互平行的身体练习和竞技运动项目组成的，各种不同的体育运动项目的知识与技能各成体系，具有相互独立性，彼此之间并无必然的先后逻辑顺序，但都能实现对学生健康的促进，彼此之间的教育功能是相通的，教师可以自由选择教学内容，在教学中不必考虑不同体育项目的运动知识、技能的教学进度关系。

7. 规定性

体育教学内容不同，决定了教学组织形式、方法、媒体选择不同。也就是说，在体育教学中，教学内容对形式有规定性，如果缺乏一定的教学媒体，教学内容就不能按照教学设计所规定的方式呈现，同时，如果缺乏相应的运动器材设备，教学内容活动就无法正常开展。简单举例来说，如果没有水，就不能实现水中游泳教学；如果没有足球，就不能进行场上对抗教学；如果没有视听教学媒体，就不能播放电子教学内容。

二、体育教学内容的结构与层次

（一）体育教学内容的结构

我国高校体育教学内容体系包含体操、户外运动、民族传统体育。体操、户外运动、民族传统体育适应了当前社会大多数人的体育锻炼需求，学校体育教学也以这些内容为主，通过对人们生活中常见、开展便捷、认知度和认可度高的体育运动项目的教学，来促进学生的体育持续参与与身心持续健康发展。

体操、户外运动、民族传统体育运动教学内容在现实生活是一种稳定存在，具体分析如下：

首先，从外在表现来看，三大体育内容在我国现代体育教学内容体系中，均有一席之地。

其次，从内在表现来看，我国现代体育教学内容三大体系的逻辑关系及功能与价值取向互相补充、融合、影响，是一种互不可缺的和谐关系，三者互为补充共同促进了我国高校体育教学目标的实现。

（二）体育教学内容的层次

1. 宏观层面

（1）上位层次——国家课程和教学内容

国家课程是国家给予整体学校体育教学发展所规定的宏观体育教学框架内容，为全国各校提供了一个正确的教学内容选择方向与选择范围。

国家层面的体育教学内容具有一定的政治意义，体现了教学内容制定的行政服从。国家课程和教学内容充分符合国家意志，通过体育教育，旨在培养和提高国民体育健康水平，并培养和发现各类体育人才。国家在体育课程和教学内容的开发方面，需要考虑的因素非常多，但是不能兼顾每一个细节，因此，国家宏观课程标准更多的是方向性指导，对于一些细节问题需要各校教师进行自主把握。国家体育课程内容在各地方高校中应该作为主体存在，同时，各校可进行适当调整、补充。

（2）中位层次——地方课程和教学内容

地方课程和教学内容是体育教学内容的中位层次，可体现出各校体育教学的地方特色与要求。

地方课程教学内容符合上位教学内容范围与性质，同时又能体现和满足实际教学需要，地方课程教学内容可以使本地区的体育教学资源得到最有针对性的利用，可以体现出地方体育教学的特色发展需要和地域性体育内容特征。

（3）下位层次——学校课程和教学内容

学校课程和教学内容是教学内容的下位层次，是高校最直接的体育教学内容体现。

学校体育课程的下位层次内容是体育教师直接选择的体育教学内容，也是学生在体育教学课堂上直接接触的体育教学内容，这些体育教学内容是在国家体育教学课程与地方体育教学课程内容所规定的范围内选择出来的，同时，也是最符合本校体育教学软件和硬件设施条件，最符合本校学生特点和受学生欢迎的教学内容。体育教师在选择和甄别学校体育教学内容时，有较为自由的选择权，同时也能体现出学校、地方、教师的教学特色与教学要求，学校体育教学的开展质量最终还是要看学校体育课堂上直接呈现出来的体育教学内容，这是体育教学最直接影响学生的内容。

2. 微观层面

（1）第一层次——体育课程标准要求的学习内容

体育课程标准指导体育教学内容的选择，任何教师开展体育教学活动过程中对教学内容的选择都离不开课程标准要求，具体来说，教学内容应充分考虑学情。

必须重点指出的是，体育课程标准所要求的教学内容范畴，是体育教学活动领域内容。

（2）第二层次——课程标准所示的水平目标

所谓水平目标，简单来说，就是通过体育教学活动的开展，向学生展示具体的教学内容，学生通过对教学内容的知识、技能的学习与掌握，能够在体育学习与体育活动参与之后达成什么效果，对此教师应做到心中有数。

具体到体育教学实践中，教师应先明确体育教学目标，确定自己的教学任务内容和学生的体育学习内容，通过教学内容的呈现、讲解、分析、内化为学生的知识、技能。

（3）第三层次——体育教学的物质设施

将体育教学物质设施作为体育教学内容的一个部分和层次从表面来看不好理解，但仔细分析，任何体育教学内容从书本上的文字到呈现给学生立体化的技术动作，无论教师借助具体的运动场地、运动器材的身体示范，还是教师通过直观教具、多媒体展示的图片、模型、动画等，都是需要借助一定的体育教学物质设施来实现的。在体育教学中，体育运动场馆、场地、运动器材、教学教具、教学技术所依赖的设备与设施等，都是教学内容形象化、动态化呈现的一部分，因此被作为体育教学内容的第三层次。

（4）第四层次——体育教学的方法与手段

体育教学的方法与手段是第四层次的体育教学内容，在体育教学中，体育教学内容和体育教学方法与手段有着非常密切的关系，需要依托体育教学方法与手段进行展示，该层次教学内容是某一教学内容下位的具体内容。

三、现代体育教学内容体系构成

（一）基本教学内容

1. 体育、保健原理与知识

体育、保健原理与知识教学内容是体育教学的基础内容，这一部分体育教学内容的教学，有利于引导和指导学生科学从事体育健身实践。

在高校体育教学中，体育、保健原理与知识内容，往往在高校体育教学学期初的一两次课会有所涉及，以后的各教学课中通常作为知识点穿插在体育项目技能教学中。

2. 田径运动

田径运动被誉为"运动之母"，它与人的走、跑、跳、投等基本活动能力有内在关系，其他任何一项体育运动项目所必须掌握的体育运动技能都能在田径运动参与中接触和学习。因此，长期以来，田径一直都是高校体育教学的基本教学内容。

田径运动内容教学，包括走跑、跳跃、投掷等几类运动项目内容，在田径运动内容学习中，学生应了解田径运动文化、掌握田径运动特点与规律，为从事田径运动奠定理论知识基础和运动技能基础，并为其他运动学习奠定体能素质基础。

3. 体操运动

体操运动是世界上最早出现的体育运动项目之一，并最早形成了体育运动体系。体操运动是一项有助于发展个体的力量、协调、灵活、平衡等能力的运动。

体操教学内容丰富，包括技巧、支撑跳跃、单杠和双杠等内容，通过体操体育教学内容的学习，学生应了解体操文化，掌握体操各运动项目的具体发展历史、相关赛事、技术动作，并通过体操运动学练促进自我体能、体姿的发展与改善。

同时，结合体操学练，还应重视学生的综合性生理、心理、竞技能力发展对学生的影响，力求体操相关教学内容的全面呈现，以真正促进学生健康全面发展。

4. 球类运动

当前，高校球类运动教学内容主要包括足球、篮球、排球、乒乓球、羽毛球、网球等。

通过球类运动教学，学生应掌握球类各运动项目的运动文化知识，包括运动史、礼仪、组织、赛事、规则、裁判方法等，同时还要掌握具体的球类运动技能，有能通过球类运动从事体育运动健身的意识和能力。在体育教学中，对各种运动技能的学习，应按照具体的运动技能的认知、发展规律方法来进行，先学习技术，然后学习战术，再学习战术配合，最后发展实战能力。

高校体育教学中，球类运动项目丰富，不同的学生喜欢不同的球类运动项目，对此，教师应充分考虑学生的兴趣爱好和发展需求，科学选用教学方法，促进学生全面、准确掌握教学内容，还应注意将球类运动的基本理论知识、技术、战术、竞赛等教学内容有机结合起来。

5. 韵律运动

韵律运动是当前我国高校中非常受大学生喜欢的体育运动教学内容，大学生的选课率高，参与热情高涨，主要教学内容有健美操、体育舞蹈等。

韵律运动的教学，可以有效提高学生的身体姿态和形态，对于培养学生的运动美感、运动表现力、操舞类运动能力具有非常重要的作用。

韵律运动教学，应该促进学生的舞蹈、音乐理论基础知识的提高，提高学生的审美能力、创造美的能力，使学生了解不同操舞运动的运动文化、运动特点、运动规律，并能通过肢体语言进行艺术化表达。

6. 民族传统体育

民族传统体育是我国优秀的体育传统文化，历史悠久，源远流长，符合我国广大人民群众的健身观念、健身特点与健身需求，也是我国弘扬传统民族文化的重要内容，通过体育教学可以实现民族传统体育文化的教育传承。

高校民族传统体育教学的开展，能让学生深入了解我国丰富的民族传统体育文化历史、体育哲学思想、体育价值观，并掌握一些民族传统体育运动项目的健身内容、方法，通过武术类运动、少数民族传统体育项目、民俗体育运动等的学练，有效提高体能素质、心理素质，掌握必要的强身保健、防卫技击等方法与技能。

此外，通过高校民族传统体育内容的教学，应重视对学生进行爱国教育，使学生了解中华民族的道德礼仪文化，培养学生的爱国精神、民族自尊心，促进我国民族传统体育及其文化的传播。

和西方现代体育运动项目相比，我国民族传统体育运动具有丰富的内容体系和文化内涵，这就要求在高校体育教学中应更加关注和重视民族传统体育的教学。

（二）任选教学内容

高校体育任选教学内容，主要是指由高校自身所能决定开设的体育教学课程内容，这些体育教学课程内容的地域性、民族性非常鲜明。

我国幅员辽阔，民族众多，地域体育文化丰富多彩，不同地区的学校教师可以充分结合本地区和学校的特点来选择具有当地特色的民族传统体育运动项目，这对调动大学生体育学习的积极性具有非常重要的促进作用。例如，在少数民族地区，可以多开展当地流行的民族体育运动项目，课外时间可以组织学生去民间采风，带领学生深入了解当地民族体育文化，在学校组织少数民族体育运动项目运动会等，体现学校体育教学内容的文化性、地域性、民族性。

高校特色体育教学内容给予了高校和体育教师体育教学非常大的自由性，体育教师在体育运动项目的选择上要做好功课，进行体育教学的同时要重视民族体育文化的传播、传承。

第二节　教学内容的挖掘与开发

一、体育教学内容资源的挖掘

对高校体育教学内容体系构成即内容框架有了一定的了解后，体育教学内容的挖掘就主要是在整个体育教学内容体系内进行的，具体教学内容的挖掘方向主要从传统、创新两个方面进行，具体分析如下。

（一）引入传统体育运动项目内容

我国具有丰富的传统民族体育文化，为体育教学内容资源提供了一个巨大的素材库，高校体育教学工作者应注意对我国民族传统体育项目的教学可行性进行研究，并引入适合本校开展的民族传统体育项目。

事实证明，在高校体育教学中，纳入民族传统体育内容丰富当前的高校体育教学内容体系具有重要的教育意义：①有助于丰富体育教学内容体系，为学校体育教学课程内容开展提供更多的教学选择。②有助于丰富校园体育文化内容体系，通过民族传统体育所特有的民族特点、民族精神等影响学生。③有助于丰富学生的体育知识与技能，使学生深刻理解民族传统体育文化，增加学生的民族自豪感和自信心。④有助于我国民族传统体育文化的教育传承。高校大学生的思维活跃，学习能力强，个性鲜明，有思想，有追求，高校民族传统体育课程的开展，有助于通过大学生群体，将这一优秀的民族文化普及、传承下来，起到民族传统体育文化的传播和扩散作用。这样不仅能培养民族传统体育文化人才，还可进一步促进民族传统体育文化的振兴与发展。

（二）引进新兴体育运动项目内容

随着体育运动在世界范围内广泛发展和备受重视，从事体育运动的人越来越多，也有不少以前鲜为人知的体育运动项目被广泛传播和普及，还有新的体育运动项目被发明和创造出来。

近年来，为了持续为高校体育增加活力，学校体育教学工作应该不断为高校体育教学内容引进新的运动项目，考虑当前社会上流行的，以及大学生欢迎的体育运动项目，如街舞、瑜伽、拓展训练等，这些新兴的体育运动项目的引进，能为高校体育教学内容注入新鲜血液，促进高校体育教学内容的不断丰富，有助于激发大学生的体育学习与参与热情。

二、体育教学内容资源的开发

（一）传统课程内容优中选优

高校体育教学中，有很多传统体育教学课程和教学内容已经存在了很长一段时间，并被长期的教学实践证明，能切实促进高校大学生的身心健康发展，应予以保留。

针对传统课程教学内容，可从中选出更合适的知识、技能部分开展体育教学，同时，为了更好地调动师生教学参与积极性，鼓励教师创新教学模式、教学方法、教学组织形式，并给予教师最大化的体育教学内容选择自由，让不同教师能结合自己的特点与特长选择教学内容、优化教学质量与效果。

（二）基于上级课程文本的拓展

所谓上级课程文本，具体是指"国家教育行政部门规定的统一课程和教学内容，它体现国家的意志，是专门为未来公民接受基础教育之后应该达到的共同体育素质而开发的体育课程和教学内容"，上级课程文本具有导向性和政策性。

前面已经解释了我国体育教学内容的结构层次，在高校体育教学内容体系中的教学内容确定方面，上级课程文本对地方和高校具体教学内容的选用具有重要影响，可在上级课程文本教学内容框架内，适当进行教学内容的选择、拓展、修改。具体的教学内容拓展操作方法如下：

1.参考上级课程文本建议丰富教学内容

上级课程文本对于下级地区课程文本来说，是引导性的指导性的文件，可以为下级课程教学提供范围、方向和其他一些建议与参考，地方、学校、体育教师可以结合具体的教学实际来对教学内容精心选择、优化、补充，也可以摒弃一些体育运动项目教学，灵活调度整个体育教学体系内容，使体育教学内容既符合上级课程文本，又符合本地本校实际。

2. 基于上级课程文本规定的教学内容恰当修改

从课程内容结构上来讲，我国体育教学课程文本对教学内容的规定是宏观的，这就是说给了地方充分的选择自由，上级课程文本关于教学内容的选用标准描述并没有规定过严，具有灵活的理解和修改空间。

具体来说，高校体育教育教学工作者，尤其是一线教师在选用体育教学内容时可对上级课程文本规定的教学内容进行适当修改，充分参考上级文本的内容，做到在整体思想、内容方面与上级文本保持一致，但是在具体的教材细节安排上可突出本地特色，增添相应的教学内容；教师在选择教材和确定体育教学内容时，可以充分参考统一体育教学教材的教学内容，并结合本校的实际选择补充特色教学内容，使体育教学内容整体符合上级文本的要求和范围，同时又能丰富和满足本地本校的教学条件要求，前提是必须在领会和坚持上级文本的精神和规定要求的基础上进行。

（三）改造传统体育教学的内容

随着社会的不断发展，体育教学为社会培养人才应符合社会发展的需要，因此体育教学内容必须结合社会和时代发展背景，注重更新换代、与时俱进，对传统体育教学内容中不符合时代特点、学校和学生实际的内容，需要进行适当改造。

新时期体育教学内容的选择需要考虑的因素、条件发生了变化，基于这些变化，体育教师对某个具体的学校体育教学内容资源应进行合理取舍、改造、加工、处理，从中提取一些要素，改变一些要素，增加一些要素或舍弃一些要素，使之成为一个新教学角度（如娱乐性、文化性）的体育教学内容。

（四）社会新兴运动的教学尝试

如今，人们的社会生活与体育健康追求发生了很大的变化，体育运动项目更加丰富多彩，新时期学生群体的体育爱好与以往学生的体育爱好也有很大不同，体育教学内容应充分考虑学生的喜好和发展需求。

当然，社会信息运动项目的教学引进不能一味地追求国际流行体育运动项目，也应关注我国传统民族体育项目的发展，我国各个民族都有出色的民族特色体育项目，这些民族项目既各具特色，又有丰富的体育教育价值，对于不熟悉和没有接触过此类运动项目的"00后"大学生来说，它们也是新鲜的体育运动，也可以作为新的体育教学内容开展体育教学。

需要注意的是，体育教学不能单纯为了求新而求新，应注意合理性、可操作性。

第三节　体育教学内容的编排与选择

一、体育教学内容的编排

（一）体育教学内容的编排逻辑

体育教学内容的编排，必须充分考虑不同教学内容之间的逻辑关系，良好的逻辑关系有助于教师顺利开展和组织教学工作，同时，也有助于结合学生的认知规律来安排不同教学内容的顺序，以便学生更好地接受体育知识与技能。

教学内容的编排应符合以下三个基本逻辑：

1. 根据教学内容的内在逻辑顺序编排

不同的体育教学内容之间存在一定的逻辑关系，教师选择与安排不同内容的教学应充分认识到学生对各教学内容的认知规律、掌握规律，要由浅入深、由易到难，循序渐进。

2. 根据学生的身心发展规律编排教学内容

应该以学生发展为本位，结合学生的身心发展规律和特点来选择和安排相应的体育教学内容。

3. 根据教学目的依次编排教学内容

应该以体育教学目标为本位，根据教学目标要求，为我所用地编排体育教学内容。

（二）体育教学内容的排列方法

体育教学内容的具体排列直接关系到体育教学实施效果，发展到现在，主要有以下四种排列方法：

1.直线式排列方法

体育教学内容的直线式排列，是在体育教学中，各个不同的体育教学内容基本上不再重复，是顺序排列，依次在体育教学课程中出现并呈现给学生。

2.螺旋式排列方法

体育教学内容的螺旋式排列是相同内容在各年级反复出现，但在体育教学内容的学习程度上，会表现出知识和技能不断复杂、深入的特点。"锻炼身体作用大"的体育教学内容一般更加适合于"螺旋式排列"法。

3.直线式和螺旋式混合排列方法

直线式和螺旋式混合排列方法是对教学内容的直线式排列与螺旋式排列的综合方法。

4.周期循环排列方法

体育教学内容的循环是指同一教学内容在不同学段、学年等范围内的重复安排。这种循环可能以课、单元、学期、学年等为周期进行循环。

在体育教学实践中，学生对体育运动知识和技能的掌握是依靠不同周期的教学内容的学习的合理安排和相互作用来掌握的，以学生的体育技能学习，结合学生技能学习需要经过泛化、分化和自动化的三个阶段的客观学习规律为例，在不同的学习阶段，对体育教学内容的循环需要突出"大、小循环"，以达到"温故而知新"和"巩固提高"的教学目的。体育教学内容的具体应该安排大循环还是小循环，应结合教学内容的特点来进行。

对体育教学内容进行加工处理，不论是哪一种排列法，都需要注重不同的体育运动和身体练习的特征。

（三）体育教学内容的媒介化

传统体育教学中，体育教学内容主要是书面教材，随着现代科技的发展，教学内容呈现可以有更多方式，对此体育教师也应与时俱进掌握现代教学方法、教学技术，教师对体育教学内容的编排不仅限于板书、教案，还可以使用多媒体课件、网络音视频课件，这就需要教师对教学内容的媒体化编排方面具备专业的教学媒体技术应用能力，以更加科学地编排教学媒体课件，更好地呈现体育教学内容，便于学生理解和教学活动开展。

二、体育教学内容的选择

（一）体育教学内容选择的依据

1. 体育课程目标

体育课程目标是体育教学内容的重要选择依据，体育课程目标是体育教师在教学工作中必须始终牢记的一个内容，在选择体育教学内容时应对备选的教学内容进行筛查，或者直接根据体育课程目标去寻找合适的教学内容。

2. 体育教学规律

体育教学的开展应符合客观体育教学规律，如学生身心发展规律、学习认知规律、技能形成规律等。

在不同教学阶段选择不同的体育教学内容。在具体的体育教学中，教师应关注学生对教学内容掌握情况的一系列的客观规律性，不能违背教学规律、认知规律等。

3. 学生发展需要

学生是体育教学的对象，学生的特点决定着教学内容中的各项要素。绝对不能忽略学生的实际情况。体育教学内容应能满足每一个学生的体育发展需要，通过体育学习，使每一个学生都能有不同程度的发展。

4. 社会发展需要

人具有社会属性，社会是学生实现自我价值的最终归宿，体育教学内容必须能够满足学生在社会发展中各方面的需要。体育教学内容的选择，应考虑到学生当前的身心健康发展需要，也要考虑学生走出校园、进入社会之后的体育参与需要，为学生的社会生存、适应能力发展奠定基础。

（二）体育教学内容选择的原则

1. 教育性原则

体育教育属性决定了体育教学内容选择的教育性原则，具体要求如下：①分析体育教学内容是否具有教育价值。②体育内容选择必须与体育教学目标相符，为实现体育教学目标服务。③体育教学内容注重文化内涵，传授运动技能的同时弘扬体育文化。④体育教学内容选择应重视学生的意志、品德方面的发展促进，促使学生终身受益。⑤体育教学内容选择应与社会价值同步，促进学生社会价值的实现。

2. 科学性原则

体育教学内容的选择应符合客观规律，体现教育的科学性，要求如下：①体育教学内容的选择应有利于学生身心的协调共同发展，应摒弃不适合学生的心理健康的教学内容。②体育教学内容应促进学生对科学锻炼的原理和方法的深入了解，通过体育学习能促进学生科学从事体育活动实践。③体育教学内容本身应具有科学性。④体育教学内容应与学校实际相结合。

3. 趣味性原则

兴趣是最好的老师。体育教学内容选择的趣味性原则体现如下：①体育教学内容应有助于激发学生的体育学习兴趣，避免过度竞技化的体育教学内容的选择，专业竞技体育知识和技能学习与学生水平不符，容易打击学生的学习积极性。②结合学生特征选择他们感兴趣的、有趣味的内容。

4. 实效性原则

体育教学内容应简便易行，能有效促进学生身心健康发展：①改变传统教学内容当中的"难、繁、偏、旧"以及教学过程过度偏重书本知识的体育教学内容。②体育教学内容的选择一定要兼顾与学生自身的体育学习兴趣和经验相接近的以及大众喜欢的、社会上比较普及的，为学生的终身体育奠定基础。

5. 民族性与世界性原则

体育教学内容应体现民族性，符合我国实际，体现当今时代的中国特色，同时，要与世界体育发展接轨，借鉴和吸收国外好的课程内容与文化。

第四节　体育教学内容的创新

一、体育教学内容的未来发展趋势

（一）教学内容的学段分化和教学需求化发展

在传统的体育教学中，教师往往简单地依据体育教学目标选择相应的内容，或仅仅教授体育运动项目技术，教学内容选择缺乏严谨性。

新时代的体育教学内容更加注重教学的科学研究，教师选择教学内容会考虑多方面的因素，关注教学的客观条件，关注不同年龄阶段与不同性别的学生的体育学习需求。

（二）教学内容更加关注学生的教学主体性

体育教学内容的选择与确定受到各个方面的制约。以前的体育教学大纲中，体育教学内容的选择与确定往往更重视教育工作者的价值取向，即教师的教。

随着体育教学改革的不断进行，目前，体育教学逐渐摆脱了传统的以实现体育教师的教学而选择体育教学内容的做法，而逐步转变为教学内容的选择服务于学生的学习，从学生的实际情况出发，重视学生的价值取向，即学生的学。

（三）教学内容更强调对学生综合素质的促进

传统体育教学，更多的是为发现和培养竞技体育人才服务，体育教学内容多是专业化的体育运动训练技能，更关注学生的体能、技能训练和达标。

新时期，体育教育更多地关注学生的身心健康和全面发展，同时，新时期教育的根本目的在于培养适合社会发展的全方面发展的人才。在素质教育的背景下，体育教育关注学生的综合素质的提高与发展，新的"以人为本""健康第一""终身体育"教育理念指导下的体育教学内容选择，应该更加关注选择对于学生素质的全面发展（身体、心理、智能、社会适应能力等）有利的体育教学内容，将其纳入现代体育教学课堂。

（四）教学内容更注重学生的终身体育培养

在传统的体育教学中，教师过分强调学生竞技能力的发展，竞技性体育教学内容过多。

现代体育教育教学，强调体育教学应促进学生的终身体育知识、技能的培养，关注学生的长远发展。体育教学内容教授与传播为学生的终身体育服务，而非竞技化的技能的不断提高。围绕终身体育教育教学总目标的实现，体育教学内容的选择应处理好健身性、运动文化传递性和娱乐性之间的关系，贴近学生生活，并关注学生的自我体育参与指导。

二、体育教学内容的改革建议与措施

（一）体育教学内容的改革建议

①以学生为本，从学生如何学以及他们兴趣的角度出发选择体育教学内容。②跳出传统体育教学大纲的规定过死的内容框架，扩大体育教学内容弹性，使体育教学内容的选择更加灵活、丰富，与学生、教师、学校实际更相符。③逐渐淡化竞技体育运动的技术体系。④增加体育教学中基础性的体育教学内容，使学生的体能和技术能够得到充分的发展。⑤重视女性体育教育，适当增加女生喜爱的韵律体操和舞蹈内容。

（二）体育教学内容的改革措施

1. 教学内容选用以学生为本

以学生为本，是体育教学内容改革一个非常重要的特点。对于体育教师来说，体育教学活动要面向全体学生，学生的特点与情况会直接影响教师对教学内容的选择。在当前越来越重视教学活动中突出学生主体地位的"以人为本"的现代教育思想与理念的指导下，教师的体育教学内容选择必然要坚持以学生为本，结合学生的年龄、性别、身心发展特点、运动爱好、运动基础等进行教学内容选择，这样才能提高学生的体育学习积极性，加深学生对于体育的印象和理解，最终实现学以致用。

2. 重视学生体育素养培养

体育教学内容选择应服务于"使学生养成独立的人格，实现个性的全面发展"的体育教学目标，重视培养和发展学生全面的体育素养。

现代体育教学，应关注和重视学生素质教育和综合能力的培养，在培养符合社会发展的现代化人才中，体育教育是人才培养的非常重要的环节与途径，体育教育教学应注重学生各方面素质的培养，尤其要关注学生体育素养的培养与提高，通过体育教学，为学生日后的体育参与奠定基础。

体育教学应关注学生生理健康，还应促进学生心理、体育观、价值观、意志品质等的提高，上述这些内容都应该被纳入体育教学的内容之中，而不只局限于运动技能和学练。

3. 丰富体育文化内容

校园文体活动是促进体育文化在校园中发展和传播的重要手段，学校应尊重并努力实现每个学生的体育文化活动参与权利。

当前，高校不仅要做好体育教学的日常工作，还应以学校具体情况为依据来对群体活动项目进行安排，适当增添一些喜闻乐见、能够提高运动兴趣的活动，开展一些学校群体体育活动，帮助学生了解和认识体育竞赛文化，并进一步提高体育文化素养。

现阶段，课堂体育教学内容应与校园体育文化建设相结合，体育教学内容选择与安排应对本校的教育计划、季节特点、节假日和项目多少等进行综合考虑，形成校园体育文化教学与校园体育文化建设特色，使得学生更好地了解体育文化、传承体育文化、发展体育文化。

4. 突出教学内容的实用性

在体育教学内容的安排与设计中，根据具体教学情况选择相符合的体育教学内容。同时，在满足学生自我发展需要的基础上，不断丰富与社会接触密切的体育教学内容，如游泳、攀岩、野外生存、高尔夫球等，让学生能更多地参与社会生活，做好学生体育活动的校园生活与社会生活的衔接，增强学生的社会适应性。

第四章

高校体育教学模式的创新

第一节 高校体育教学模式概述

现代体育教学强调体育教学活动中教师与学生都能在良好的教学氛围和环境中实现无障碍的交流，这种良好教学环境的创设在很大程度上依赖体育教学模式的选择与教学应用。不同的体育教学模式能为体育教学活动的开展提供一个教学框架，以实现体育教学不同教学要素的合理规划与科学安排，促进不同教学课程目标的实现。新时期的体育教学模式创新也是高校体育教学创新的一个重要方面。

一、体育教学模式的概念与分类

（一）体育教学模式的概念

关于体育教学模式的概念，目前在学术界还没有统一的描述。我国学者对体育教学模式的研究角度非常广泛，不同学者对体育教学模式的认识不同，概念描述侧重点不同。在我国有关体育教学模式的概念描述中，具有代表性的观点有如下几种：① 体育教学模式是在体育教学思想的指导下，典型、稳定的课堂教学结构。② 体育教学模式是在体育教学思想的指导下，相对稳定、系统、理论的教学模型。③ 体育教学模式是一种活动策略和方式，是"一种教学过程和方法体系"。④ 体育教学模式是在体育教学理论、思想指导下的一种教学活动模型。⑤ 体育教学模式蕴含了特定教学思想，以实现教学目标为根本，在特定教学环境下对体育教学活动的框架式、操作性安排。⑥ 体育教学模式是在一定教学思想或理论指导下建立的体育教学活动模型。

简单来理解，体育教学模式以特定的体育教学思想为指导，是一种稳定的教学程序，终极目的是完成体育教学目标。

(二) 体育教学模式的分类

新的课程标准公布以来,对教学目标的表述有了较大的变化,以前的教学目标强调"增强体质、掌握三基、思想品德教育"三个方面,而新课程标准下的体育教学目标包含"运动参与、身体健康、运动技能、心理健康、社会适应能力的发展"五个方面,因此,体育教师应结合具体的教学目标选择合适的体育教学模式。

二、体育教学模式的系统构成

就整个体育教学来说,体育教学模式是整个体育教学系统中非常重要的一个系统要素。在体育教学系统中,体育教学模式既是一个相对独立的、完整的教学系统,同时也与整个体育教学系统中的其他教学系统要素保持着密切关系。

在体育教学模式系统内部,体育教学模式的各种构成要素之间的有机结合使得体育教学模式能够符合当前的体育教学现状,符合体育教师的教学要求和学生的体育学习需求,能够保证良好体育教学效果的获得,是保证体育教学模式正常发挥作用的基本前提。体育教学模式的各要素的优化组合,就构成了教学模式的一定秩序或流程。在教学实践中,安排好体育教学模式各要素之间先后、前提和结果等关系,有助于促进体育教学模式功能的实现和教学效果的不断优化。

(一) 体育教学思想

体育教学思想对体育教学模式的合理选用具有重要的指导作用,不同的体育教学思想要求不同模式的体育教学过程的设计,从这一点来讲,体育教学思想为体育教学模式的选用指明了方向。

从某种意义上讲,体育教学指导思想是体育教学活动的灵魂,贯穿体育教学活动的始终,是体育教学模式设计的重要参考对象。体育教学指导思想还是现代体育教学模式的特殊构成要素,它是制定体育教学模式的重要因素之一。

不同时期的体育教学模式必然表现出不同的时代特点。这就是教学思想对体育教学模式构建指导的体现。无论是哪一时期的体育教学，体育教学思想始终指导与制约着体育教学活动的整个过程。

（二）体育教学目标

体育教学模式的构建必须建立在明确的教学目标的基础之上，体育教学模式的选择和应用是为了实现相应的体育教学目标服务的。

在高校体育教学实践中，构建科学完善的体育教学模式，体育教学目标是重要参考依据，体育教学模式的构建要围绕体育教学目标来进行，整个体育教学模式框架、内容、程序、要素关系构成等，都在体育教学目标的指导下进行。

（三）体育教学程序

操作程序是指环节或步骤。在体育教学模式系统中，操作程序就是体育教学模式各要素活动的开展流程。

体育教学模式的实施，离不开一定的体育教学程序编排。在体育教学实践中，由于所选择的教学程序和教学方法具有多元化、多样性等特点，因此，在体育教学中，教师必须深入理解体育教学模式的结构特点，促进体育教学程序的合理安排，以实现体育教学过程的完善。优化体育教学操作程序，有助于体育教学模式的进一步完善。

（四）教学实现条件

体育教学模式的实施需要一定的体育教学物质条件支持，这些教学物质条件和资源是体育教学模式的重要构成内容，如果缺乏必要的教学条件，教学模式就不能实施。

（五）教学效果评价

教学模式是否可取，需要通过评价进行认真的反思、总结，并为进一步完善体育教学模式提供有效参考。具体来说，对体育教学模式在体育教学实践中运作质量的检验过程就是对体育教学效果进行评价的过程。在任何教学活动中，体育教学效果评价都是十分必要和重要的。

对体育教学模式进行评价，合理收集反馈信息非常重要。体育教学模式是否能正确实施关系到体育教学效果的实现，体育教学模式的实施，应注意体育教学效果的信息反馈。一般来说，体育教学效果的反馈过程有两种模式，即正反馈和负反馈。正反馈是指通过教学模式有好的反应和结果，反馈总结有助于优化当前的体育教学模式，促进教学质量提高；负反馈是指体育教学模式的失败教训，有利于体育教师检查和反思教学中存在的问题和不足，并吸取教训，改善教学模式实施操作，或重新选用或完善体育教学模式。在体育教学模式实施过程中，应注意及时收集体育教学的反馈信息，并确保信息收集的全面、客观、真实。

三、体育教学模式的特点

（一）整体性

体育教学模式的整体性表现如下：①体育教学模式是一个完整的、整体的系统构成，在体育教学模式系统中，教学思想、教学目标、操作程序、实现条件、评价共同构成一个完整的整体。②体育教学模式在体育教学实践中的实施，对体育教学效果的影响是教学模式的整体效应，而非教学模式系统内部的具体系统要素的作用发挥，体育教学模式的各要素结构组织不同，教学模式的类型和教学作用也不同。③教学模式的应用所解决的主要问题是体育教学的整个教学任务的完成问题，不能一一兼顾教学过程中所有的微小细节问题。在体育教学活动开展期间，对于体育教学模式的选择必然是从教学宏观角度出发的，解决问题应着眼于整体的角度，而不能为了教学中的一个细小问题选择不合适的教学模式。

（二）简明性

体育教学模式为体育教学的开展提供了一个整体框架，使得体育教学设计能在框架的基础上做到有的放矢。简单来说，教学模式是简化了的教学结构理论模型，它从理论高度简明、系统地对凌乱纷繁的实际教学经验进行理论化概括，是简单、易理解的教学模型，对体育教学具有提纲挈领的指导作用。

（三）稳定性

体育教学模式是对体育教学实践过程的高度概括，这种概括性和教学过程描述的简明性决定了体育教学模式的稳定性。

体育教学模式构建之后，其结构是稳定的，体育教学模式适用于一定的体育教学思想，适用于多种教学内容、教学对象的教学，不同教学模式在教学操作程序、教学目标实现方面有所不同，可以很好地适应体育教学实践，能够结合具体的教学情况，解决不同的体育教学问题。体育教学模式自出现到发展至今，常用的总是经典的几个，有多个教学模式，历经几十年依然在使用，在以后相当长一段时期的体育教学中，该教学模式还会长期使用。这充分体现了体育教学模式的稳定性。

（四）针对性

体育教学模式的针对性主要表现在其选择依据方面，教学模式的选择不是随意的，必须是科学的，与实际体育教学目标和教学对象相符：① 针对不同的体育教学目标，有不同的体育教学模式。如旨在促进学生自主学习能力的发展，发展学生的探索意识和能力，多采取探究式教学模式。② 针对不同的教学对象，体育教学模式不同。例如，情境教学模式，通过故事形式开展体育教学活动，适用于理解能力较差、体育基础不够的学生；快乐体育教学模式适用于一些简单的、有趣味的教学内容的展示，更适用于年龄小和刚接触体育学习的学生。

（五）开放性

体育教学活动的开放性决定了体育教学模式的开放性。体育教学模式的开放性表现在以下几方面：

1.体育教学模式结构稳定

体育教育模式的结构是稳定的，但系统内部各要素的情况是可以发生变化的，并且在体育教学模式的实施过程中，体育教学方法、手段等都具有多样性，可以随着教学需要发展不断丰富。

2. 体育教学模式程序固定

体育教学模式在结构上、程序上是基本固定的，而且教学程序是不可逆转的，但不同体育教学活动之间的内容比例、时间比例是可以灵活调节的。其中某些内容可以以教学实际进行压缩、省略和重叠。

3. 体育教学模式的开放性更多地表现为结合体育教学需要的局部调整

体育教学模式的性质不会发生改变，体育教学模式的整体或细节的调节可以使体育教学模式更加符合体育教学的实际情况。

（六）操作性

教学模式具有操作性，任何一种体育教学模式都必须能在体育教学实践中应用，否则再好的体育教学模式如果只能停留在理论阶段，都只是空谈。通过对体育教学模式的实施，能使体育教师非常清楚地知道在教学中应该先做什么，再做什么，最后做什么，并为体育教学模式的实施创造必要的教学环境与条件，使体育教学模式具有可操作性。

四、体育教学模式的选用依据

（一）根据教学思想选用教学模式

体育教学思想对体育教学模式的合理选用具有重要的指导作用，体育教学思想为体育教学模式的选用指明了方向。例如，素质教育思想是最先被提出和受到重视的新时期体育教学思想，它为当前学校体育教学的改革与发展提供了新的思路，现代体育素质教育以发展体育素质为目标，目的在于促进学生的身心健康成长和全面发展；终身体育思想逐渐受到重视，终身体育思想在体育教学中的指导应用，标志着我国改变了传统的教学模式，更加重视学生以及国民体质健康的终身发展。

随着体育教学和教育的不断发展，必然还会有更新的体育教学思想提出并为体育教学的改革与发展提供指导。

（二）根据教学目标选用教学模式

教学目标是选择教学模式的重要因素。教学目标不同，选用的教学模式也应不同。任何教学模式的确立都是为了实现一定的教学目标。

新课改下，传统体育教学"增强体质、掌握三基、思想品德教育"的教学目标得到了丰富，新教学目标强调"运动参与、身体健康、运动技能、心理健康、社会适应能力的发展"，体育教学模式实施应促进学生这几个方面的综合发展。

（三）根据教学内容选用教学模式

体育教学内容是体育教学模式选择和确定的重要参考依据，不同的体育教学内容的教学展现方式和对学生的学习方式要求不同，通过教学内容的学习培养学生的素质不同，因此，需要有针对性地选择不同的教学模式，以使体育教学内容得到更加充分的传播与吸收。

对不同教材的内容和性质进行详细分析，有助于教师科学选用合适的教学模式。举例分析如下：

精制教学型教材内容——"多吃少餐"型教材或"一次吃饱"型教材，旨在培养体育意识、学习技术技能。教学模式选择应重视学生的技能掌握，同时注重教学探索，可选择程序教学模式和（技战术）案例教学模式、领会式教学模式开展教学。

介绍教学型教材内容——"少吃多餐"型教材或"一次品尝"型教材，旨在培养学生的体育意识和促进学生的身心健康。因此，教学模式选择应重视学生的情感体验，如快乐体育教学模式、成功体育模式等。

（四）根据教学方法选用教学模式

在体育教学模式的设计和选择过程中，体育教学模式设计者在体育教学思想的指导下，对体育教学模式的各项基础要素进行仔细分析，对体育教学过程进行合理编排，细化体育课的单元课程教学程序及内容，这都依赖于科学体育教学方法的选择。不同的体育教学模式对体育教学方法的要求不同，不同的教学方法适用于不同的教学模式。

在体育教学实践中，科学的体育教学方法的选择和应用可以让体育教学模式的教学功能最大限度地发挥出来，同时，体育教学模式中教学方法的选用应充分考虑与其他教学模式要素之间的关系。只有体育教师明确体育课的教学步骤，科学安排体育课的内容，才能根据既定内容选择合适的体育教学方法。合理选用体育教学方法并科学化处理其与其他不同教学模式要素之间的关系是制定和选择体育教学模式的关键所在。

（五）根据学生特点选用教学模式

学生是教学活动的主体，体育教学模式的选择应充分考虑学生的具体情况，有的放矢。例如，低年级学生活动性强，兴趣广泛，感性，喜欢体育游戏，可选用快乐体育模式、情境教学模式、成功体育模式；高年级学生有一定的知识积累，逻辑思维丰富，可较多选用启发式、发现式、运动技能类教学模式。根据学生的具体情况实现教学模式的科学化选择，以更好地实现教学效果。

（六）根据教师实际选用教学模式

不同的体育教师的教学经验、教学指导与管理能力不同，教学风格不同，因此适合不同的体育教学模式选择。对于体育教师来讲，选用体育教学模式还能结合自己的实际教学需要和教学能力来进行，要有利于教师知识、能力、风格等的正常发挥，以更好地发挥体育教学模式的作用。

为了更好地进行体育教学，体育教师在日常教学中应注意不断学习和实践，掌握更多的知识、经验和技巧，从而能游刃有余地选择和利用教学模式，优化教学效果。

（七）根据教学条件选用教学模式

体育教学模式的实现需要一定的体育教学条件的支持，如果缺乏必要的体育教学条件，如教学硬件（体育器材、设备、场馆等）、教学软件（电子教案、课件、计算机操作软件等）等，那么依托于一定教学条件的体育教学模式就无法开展。不同教学模式所需的教学条件不同，现代教学手段与仪器（幻灯、模型、录像、多媒体、课件等）种类多样，教师应结合具体的体育教学目标、内容、条件合理选择体育教学模式。

第二节　常见的高校体育教学模式及应用

一、小群体体育教学模式

小群体教学模式是在教师的指导下，把学生分成若干个学习小组，同组学生之间互动、互助、互争的体育学习教学模式。

（一）指导思想

（1）教学应培养学生的良好品质。

（2）教学应重视学生的身心、体育竞争与合作意识等整体发展。

（3）教学应体现竞争性与合作性，教导学生学会合作与竞争。

（4）教学应重视学生的社会性发展，提高学生的社会适应能力。

（二）优缺点

小群体教学模式具有"群体性"特点，有助于培养学生良好的团队意识、团队协作能力、合作能力，在团队交流中还有助于培养学生的沟通、表达、交际能力。

小群体教学模式重视对学生的社会性培养，要求教师在学生的社会性实践中花费较多的教学时间，可能压缩学生的身体练习时间。

（三）适用条件

（1）学生有团队意识和协作能力。

（2）体育教学条件好，器材设备充足。

（3）体育教师具备良好的教学能力，能实现对学生的合理分组和教学引导。

二、快乐体育教学模式

"快乐体育"强调体育教学应让学生感受到运动的快乐，强调让学生在快乐的氛围中接触、参与、学习体育，体会到运动的乐趣，进而养成良好的体育参与意识和习惯。

（一）指导思想

（1）重视学生学习兴趣的培养与激发。

（2）从情感教学入手，强调勤学、乐学。

（3）强调教育的"以人为本"，重视学生的教学主体地位。

（二）优缺点

快乐体育教学模式可充分尊重学生的快乐体验，使学生在轻松愉快的教学环境中进行体育学习，能提高学生的体育学习和体育参与的积极性。

快乐体育教学模式的体育教学内容选择注重学习乐趣，过于简单的内容学习可能不利于学生对体育技能的掌握。

（三）适用条件

（1）体育教师教学实践经验丰富。

（2）体育教学内容难度较低，或无技术难度要求。

（3）学生有一定的体育运动练习基础，具有创新能力。

（4）教学场地、器材能充分满足体育教学与练习活动。

三、成功体育教学模式

成功体育教学模式强调体育教学过程中学生的主体地位，要求通过体育教学使学生克服一定的学习困难，并通过自己的努力完成学习目标，让学生有学习的成就感，为之后持续参与体育活动奠定良好的学习基础和建立学习自信。

（一）指导思想

（1）创造和谐、温暖的学习环境。

（2）关注学生的学习效果。

（3）重视相对评价与绝对评价。

（4）重视合作与竞争的统一。

（5）强调学生学习过程中努力的重要性。

（二）优缺点

成功教学模式重视学生"成功感"的获得，有利于学生认识自己，有利于学生在学习中发扬"艰苦奋斗"的精神，以坚持不懈地完成学习目标，并在体会到学习成就感后能建立学习自尊、自信，以促进他们更积极地投入以后的学习。

成功教学模式的教学组织工作难度较大，难以教学内容和方法，此外，由于不同学生的学习能力不同，因此在学习目标设定方面存在差异，目标设置过高或过低都不能满足学生的学习需求。因此，成功教学模式的目标确定存在一定难度。

（三）适用条件

（1）教学形式可以采用分组教学。

（2）教学条件好，有充分的体育教学资源支持。

（3）体育教师教学组织、管理能力好。

四、领会式体育教学模式

领会式体育教学模式强调体育教学的整体学习（领会），指出体育教学不应只追求学生的技能掌握，还要重视学生对整个运动项目的认知和对运动特点的把握。

（一）指导思想

（1）教学内容应先尝试，后学习。

（2）教学应促进学生全面掌握知识、技能。

（3）应结合具体教学需要合理安排教学程序。

（4）应重视教学竞赛的利用。

（二）优缺点

领会式体育教学模式重视学生在体育学习中的整体学习与把握，强调让学生在实践中（活动中或比赛中）去发现问题，要求教师根据学生的实际情况选择教学方法，有助于激发学生的学习兴趣、学习动机、思考能力。

领会式体育教学模式需要借助教学竞赛、游戏组织来完成教学，需要教师具备良好的教学组织能力，对学生的运动水平要求较高，否则容易导致教学组织混乱和学生受伤。此外，教学过程中用于教学组织的时间较长会导致学生技能练习的时间减少。

（三）适用条件

（1）学生有一定的体育理论知识基础。

（2）学生有一定的思考能力，有探索意识。

（3）教师有良好的教学氛围和适宜的教学方法。

五、主动性体育教学模式

主动性体育教学模式以"学生是体育教学的主体"理论为指导，强调对学生在体育教学中的主动性的调动。教师应通过良好体育教学环境的创设，提高学生体育学习与参与的积极性与主动性，让体育教学从"要我学"变成"我要学"。

（一）指导思想

（1）教学应重视学生的教学参与。

（2）教学应重视学生创新意识的培养。

（3）教学应重视学生"教学能力"的培养，让学生站在教师的角度思考问题。

（4）教学应重视学生良好体育品质的培养。

（二）优缺点

主动性体育教学重视学生的主体地位，有针对性地发展学生的主体意识，有利于提高学生学习的主动性和自主性，可促进学生学习能力的提高。

主动性教学模式对学生的学习自觉性要求较高，如果学生基础不好，会导致教学难以开展。

（三）适用条件

（1）授课对象是小班群体。

（2）学生有一定的学习自觉性基础和教学组织基础。

（3）教学内容中没有较难的运动技术要求。

六、发现式体育教学模式

发现式体育教学模式又称"启发式体育教学模式"，强调在教师指导下的学生学习探索，要求学生在教学中能够独立研究、发现、解决问题，最后教师作出点评并提出改进意见和建议。

（一）指导思想

（1）教学应以学生为中心。

（2）教学应重视调动学生学习的主动性。

（3）教学应重视发展学生的思维能力。

（4）教学应强调情境设置，重视引导学生发现、探索、创新。

（二）优缺点

发现式体育教学模式重视针对体育教学问题的教学情境设置，能很好地将学生引入教学情境中，并激发学生对问题的分析、探索、思考，有助于提高学生的自主学习能力。

发现式体育教学模式，对学生自主学习能力的开发需要投入较多的教学时间，难免会导致身体练习时间减少。

（三）适用条件

（1）学生具有一定理解能力、知识基础，具备一定的运动能力与经验。

（2）体育教师具有较高的教学水平与经验，善于运用灵活的教学方法、教学组织形式等来设置问题情境。

（3）教学学时充足。

第三节　高校体育教学模式的创新

一、多元智能教学模式的构建

（一）多元智能教学模式的理论基础

多元智能理论，由美国哈佛大学心理学教授霍华德·加德纳提出。他认为，每个人都具有多元智能，各种智能之间互不干扰，学生之间存在客观的认知能力差异，教育应促进不同学生的不同智能的发展。

多元智能教学模式以多元智能理论为指导，重视体育教学活动的开展对学生多元化智能的发展和促进，要求体育教师结合不同学生的智力发展有针对性地安排体育教学程序和内容，通过多样化的、丰富的教学方法和内容，满足学生的不同学习兴趣和需求，为学生参与体育学习提供良好的环境和基础，并对学生的能力进行客观、全面、多维的评价，促进学生的体质、心理、健全人格和社会能力等各种素质的多元发展。

（二）多元智能教学模式构建实施

构建多元智能教学模式，应突出教学模式的以下重点要素：

1.教学形式的多元化

包括"教"的形式和"学"的形式，为教师、学生提供更多、更优的教学形式选择，突出学生的教学主体地位，满足教师与学生的教授与学习需求，构建和谐的师生关系。

2.教学内容的多元化

丰富体育教学内容，并使体育教学内容兼具创新性和时代性。

3.教学方法与手段的多元化

丰富体育教学方法和手段，综合运用多种方法和手段的组合形式提高学生的学习兴趣和激情。

4.教学考评的多元化

体育教学考评的内容、标准、主体都应多元，以确保体育教学评价的客观、全面。

二、体育俱乐部教学模式的构建

（一）体育俱乐部教学模式的条件基础

体育俱乐部教学模式是学校与学生共同参与组织的新型教学模式，该教学模式充分考虑了学生的体育兴趣，将学生的体育教学与课外体育活动参与有机结合起来，教学形式更加灵活，气氛更加活跃。

体育俱乐部教学模式在体育教学中的尝试应具备以下条件：① 体育俱乐部应具备丰富、先进的设备、器材，保证体育俱乐部各项活动的正常运行。② 体育俱乐部应建立完善的俱乐部责任制度、体育运动卫生安全制度，并建立相关的监督机制。③ 体育俱乐部应由对应的专业体育教师指导。

（二）体育俱乐部教学模式的构建实施

① 以学生的体育学习兴趣为基础构建体育俱乐部教学模式。② 体育俱乐部教学应与学校的体育必修课、体育选修课充分结合起来，促进课上、课下体育教学的衔接和延续。③ 学校应加强对学校体育俱乐部的管理和指导，规范体育俱乐部的体育活动。

三、多媒体辅助教学模式的构建

（一）多媒体辅助教学模式的技术基础

多媒体教学辅助技术是伴随着多媒体教学技术的发展而发展起来的，是对多媒体教学技术在体育教学中的一种新教学模式的应用。

多媒体教学模式的应用需要依赖多媒体教学技术，该教学模式表现出智能性、集成性、交互性、实时性，整个体育教学资源都是以全数字化的方式加工、处理，使教学更加形象生动。

（二）多媒体辅助教学模式的构建实施

多媒体辅助教学模式需要多媒体技术教学支持，对体育教师的多媒体技术应用能力有较高的要求，在多媒体辅助教学模式实践中，应注意以下几点：① 建立完整的多媒体教学系统，通过体育录像、图片、Flash 等的引入，提前做好多媒体技术准备、教学资料准备。② 避免单纯为了追求教学的"新"而采用多媒体教学。多媒体辅助教学应与实际教学需要相适应。

四、互联网在线教学模式的构建

（一）互联网在线教学模式的条件基础

互联网在线教学是在计算机网络技术创造的虚拟体育教学环境中开展的一种体育教学新尝试，这种体育教学模式的实现需要计算机网络技术的支持。一方面，学校应建立流畅和完善的校园教学网；另一方面，学校应有较为健全的互联网在线的教学管理制度，以进行网上教学监控、监管，确保体育网上教学活动的顺利开展与实施。

（二）互联网在线教学模式的实施

互联网在线教学是体育教学的网上教学新模式，极大地拓展了体育教学的时间和空间，使得体育教学更加智能，更具交互性，师生的在线体育交流更加开放。该教学模式的实施具体要求如下：① 教师应具备网上课件开放、编辑、加工的能力。② 做好网络课堂管理，确保学生的有效在线学习。③ 做好线上、线下体育教学活动的组织与管理。

五、体育教学模式的发展趋势

（一）理论研究的精细化发展

精细化是新时期高校体育教学模式研究的必然趋势。教学理论和教学规律对教学模式具有重要的指导作用。随着现代体育教育者对体育教学模式选用的重要教学影响的重视，将有更多更深入的体育教学模式被创造，同时，关于体育教学模式的研究将更加精细化，甚至会关注体育教学模式的教学应用的每一个细节问题。

（二）模式目标的情意化发展

随着高校体育教学的改革深入，现代体育教学越来越重视学生的多元化发展，体育教学模式的实施也不满足于仅仅丰富学生的体育知识、提高学生的体育技能，开始更多地考虑促进学生的心理性、社会性的发展，并重视体育教学中的非智力因素对教师的教学、学生的学习的重要影响。

在素质教育的背景下，未来的教学模式实施将更加注重对学生的人格教育、品德教育、情感教育与知识教育，重视对学生独立性、情感性和独创性的培养，重视体育教学模式实施中学生的情感体验和个性发展。

（三）教学形式的综合化发展

教学形式的综合化是指教学模式向着课内和课外一体化的方向发展。

目前，各种体育教学模式都将教学活动局限于课堂上，对课外活动不够重视，学生的课外体育活动得不到科学指导。

新时期的体育教学模式将更加关注课内体育教学与课外体育教学的有机结合，"课内外一体化"教学模式将成为新阶段教学模式创新的重要方向。

（四）构建方法的演绎化发展

从体育教学模式的发展来看，教学模式的构建与完善需要经历一个漫长的过程。在体育教学发展之初，教育工作者对教学模式的创举更多的是一种实践探索，通过多次教学实践经验总结，归纳相似的不同教学模式，最终形成成熟的体育教学模式。

20世纪50年代以后，教学理论假设往往先于教学实践出现，从一种思想或理论假设出发，设计出一种教学模式，再经过体育教学实践的检验，并在教学实践中不断改进完善，最终形成稳定的教学模式。教学模式的这一形成过程是一种演绎教学模式，其中所产生的教学模式大都属于这一类型。

和归纳法不同，演绎教学模式从理论假设开始，重视科学理论指导，具有教学模式探索的科学性，并能避免在教学实践中少走弯路，避免资源浪费。演绎型的教学模式的发展是教学模式发展的一个重要趋势。

（五）模式应用的现代化发展

随着现代教育和科技的快速发展，现代教学活动中，先进技术产品和手段的运用也在很大程度上提高了教师的授课效率，也被新时期的学生群体所喜爱，有助于调动学生的体育学习兴趣。现代教学模式的发展创新也更多地与现代教学技术手段相融合，将更多更先进的体育教学技术手段纳入体育教学模式的教学实践中。

六、体育教学模式的创新策略

（一）重视教学对象特点的分析

重视体育教学对象特点的分析，是科学选用体育教学模式的重要基础，也是从教学对象特点入手进行体育教学模式创新的一个重要切入点。

学生作为体育教学对象，是教学活动的主体，因此，体育教学模式的选择应充分考虑学生的具体情况。体育教学工作者应充分了解不同年龄段的学生特点，充分考虑学生的学习需求和体育需要，做到有的放矢，科学选择、组合、改革体育教学模式。

（二）发挥不同教学组织形式的作用

体育教学模式创新，不应只从教师的课堂教学方面入手，也要充分考虑体育教学的多元组织形式。例如，体育俱乐部教学模式就充分弥补了课堂体育教学的组织单一、内容单一的不足。

在高校体育环境中，各种体育团体、组织都可以成为课堂体育教学的拓展，可以成为体育教学课外教学模式的有效补充。

（三）借鉴与创新相结合

体育教学模式创新必须有根基可循，如以一定的教学理论为指导。但如果体育教师对体育教学理论的认知和教学实践应用能力有限，在这样的条件下，教师应重视加强理论学习，加强体育教学模式最新研究和动态发展的学习，积极借鉴国外的先进教学模式理论，借鉴国内的先进教学模式理论与成功教学经验，并结合本校的教学条件、教学需求、学生特点等进行教学模式的革新。

（四）加强教学信息建设

体育教学模式的创新，离不开各种新教学技术的应用，为了更好地实现新体育教学技术对体育教学模式实施的支持，应加强校园教学信息建设。

各个高校之间应当建立一个公共体育的教学资源共享平台，加强各校信息联系，共同提升高校体育教学进程。借助多媒体，建立校园网，为新时期的体育学习提供更多便利，为学生的体育参与提供更加广阔的平台，从时间、空间两个方面拓展传统意义上的体育教学格局。完善校园体育选课信息平台建设，加强对各个体育课程的介绍和推广，为学生的在线体育选课提供及时有效的课程信息和建议。

（五）注重体育教学模式评价

对体育教学模式进行简明、科学、操作性强的评价，以便于教学评价工作的顺利开展。这是新时期体育教学改革对体育教学模式评价的客观要求，也是发现体育教学模式中的教学问题、不断完善体育教学模式的有效途径。新时期，建立健全体育教学模式评价体系、不断完善体育教学模式应注重以下几点：① 以体育教学应达到的目标为基础评价体育教学模式。② 体育教学模式的评价应以便于教师教学和学生学习为依据。③ 体育教学模式应适于教学记录。④ 重视评价反馈信息的全面化、真实性。⑤ 注重评价标准的多元化。⑥ 以个人或集体的经验为依据，对评价指标进行科学、正确地衡量，对现有体育教学模式的不足进行改革创新。

|第五章|

高校体育教学手段的创新

第一节　多媒体技术的应用

一、多媒体教学技术的特征

（一）多媒体教学技术的多维性特征

所谓的多媒体技术的多维性特征，主要指的是多媒体教学技术所拥有的对信息范围进行处理的扩展与扩大空间的能力，而此种多维性职能能够变换、加工、创作输入的信息，使其输出信息的表现能力得到增加，其显示效果得到丰富。例如，在高校体育教学中，利用多媒体系统进行辅助，不仅能够保证学生对文本知识进行学习，使其对静止图片进行观察，并且在多媒体技术的支持下，让学生能够清楚地观察、了解体育教师的动作演示，使高校体育教学效果得到加强。

（二）多媒体教学技术的集成性特征

所谓的多媒体技术的集成性特征，主要指的是多媒体技术能够将不同类别的多种媒体信息有机地进行同步组合，例如声音、文字、图像，等等，进而促进多媒体完整信息的呈现。此外，集成性还存在另外一层含义，指的是对这些多媒体信息进行处理的工具或者设备的集成，包含视频设备、存储系统、音响设备、计算机系统等的集成，总而言之，指的是在提供的各种设备上将各种媒体紧密地进行关联，使文字、声音、图片与音像的处理实现一体化。

（三）多媒体教学技术的交互性特征

所谓的多媒体教学技术的交互性特征，主要指的是人和人之间、人和机器之间、机器和机器之间的交互活动，也就是人和机器进行对话的能力，也就是使用者同机器之间进行沟通的能力。这也是多媒体计算机系统不同于传统音响、电视机等家电设备的地方。根据实际的需要，人们能够选择、控制、检索多媒体系统，同时，还能够参与到播放多媒体信息与组织多媒体节目的行列中。传统的只能对编排好的节目被动接收的电视机形式已经被打破。

（四）多媒体教学技术的数字化特征

所谓的多媒体教学技术的数字化特征，主要是指在多媒体计算机系统中，各种各样的媒体信息都是以数字的形式在计算机中存放，并得到处理。多媒体技术是在数字化处理的前提下被建立的，例如，以矢量方式储存与处理的图形、以点阵方式储存与处理的图像、以数字编码方式储存与处理的音频和视频。在数字化技术发展的背景下，多媒体教学技术得到了广泛的传播与发展。

除了上述四种主要特征，多媒体教学技术还有其他一些特征，通常来讲，多媒体教学技术还拥有分布性、综合性与实时性等特征。所谓的实时性特征，主要指的是对于同时间相关的心理，如声音与视频信号等的处理，还有人机的交互显示、操作与检索等的操作都存在实完成的要求。所谓的分布性特征，主要指的是基于多媒体数据多样性的存在，在不同的时间与空间都会存在它的素材，并且在不同的领域中，它也得到了广泛应用。所以，对于多媒体产品的开发，在离不开计算机专业人才参与的同时，更加需要的是听、视专业的人才。而多媒体计算机系统存在比较明显的综合性，它不仅能够综合集成各种媒体设备，同时还能够综合各种信息，使它们成为整体，促进综合效应的产生，不再是单兵作战，而是文字、图片、声音的有机组合。

二、多媒体在高校体育教学中的应用优势

多媒体教学技术通过文字和图片的形式，同动画、音频与视频相结合，将体育课程的

教学内容进行立体的显示，具有表现形式和表现手段丰富多样、灵活多变的特征，使其独特的优势得到充分体现。

（一）多媒体技术使高校体育教学观念得到了更新

高校体育教学的传统教学模式是以教师的教作为重心，在高校体育教学应用多媒体技术，能够使此种传统高校体育教学模式发生改变。体育教师在进行授课的过程中，对现代化的多媒体教学手段进行了应用，同时还需要人机交互活动与学生间交流活动的开展，使学生的体育参与意识得到激发，将体育多媒体教学的思想进行了展现，即以学生的"学"作为中心。这都能够极大地促进高校体育教学方法的实践性与多样性变革，改变学生体育知识与体育技能的学习思路与方式。

（二）多媒体技术使高校体育教学的质量得到提高

在体育课程的传统教学活动中，教师的教学方式一般以讲授为主，以挂图等展示方式为辅。在实践课中则需要体育教师进行讲解与示范，在主观条件与客观条件的约束下，教师很难做到完全规范、标准的技术动作示范，在较短的时间内，学生们也很难形成正确的动作概念，只有体育教师才能够反馈出学生的体育学习状况，而这样的高校体育教学效果也是可想而知的。

多媒体高校体育教学的实施使得上述状况得到了改变，在文字与图片的辅助下，体育课程的抽象概念得以具体化、形象化，而通过计算机就能够对难度较高的体育技术动作进行模拟演示。而在对速度较快、结构复杂的技术动作进行讲解与示范的过程中，取得的效果则将会更加明显。在多媒体技术的支持下，教师通过慢动作使学生对这一系列动作进行清晰的感知，促进相关体育概念的形成与动作要领的掌握，方便进行模仿与掌握，使得高校体育教学的效率与效果得到了极大提高。

（三）多媒体技术使学生的体育学习效果得到提高

多媒体技术能够使人的视觉、听觉等多种感官系统得到刺激，促进大脑不同功能区域交替活动的开展，促进体育学习内容生动化、形象化地发展，增强高校体育教学活动的趣味性与直观性，方便学生对体育技术动作的理解。多媒体技术对字体、色彩、图表、音乐、动画和闪烁等多种表现手段进行了综合运用，能保证"声图并茂""有声有色"，使得高校体育教学内容的艺术表现力与强烈感染力得到增强，使高校体育教学的课堂氛围得到活跃，特别是多媒体高校体育教学资料中对肢体和谐美、力量美与技艺美的体现，使高校学生对体育的功效与个性的社会价值取得真正的认识，使他们的求知欲与体育学习的热情得到激发，进而使学生的体育学习兴趣与体育课堂教学的质量得到有效提高。

三、多媒体 CAI 在高校体育教学中的应用

（一）目前我国 CAI 的发展现状

目前，CAI迎来了一个多媒体大面积教学的时代，即使用先进的计算机技术、多媒体技术、网络技术、通信技术和设备，"让最好的教师面向最广大的学生的时代"。所以，保证CAI课件大数量、高质量的发展具有十分深远的意义。

（二）多媒体 CAI 的发展趋势

对于近年来在CAI中多媒体技术的应用情况进行综合分析，可以得知多媒体CAI的应用存在三个方面的发展趋势，具体内容如下。

1.呈现网络化的发展方向

计算机技术的不断发展，尤其是网络技术的迅猛发展，使人们的生活方式与工作方式发生了很大的改变。网络技术的发展需要多媒体技术的支持，而多媒体技术需要在网络中得到应用，进而使网络的表现力得到增强。在网络中应用CAI课件，能够保证"最好的教师面向最广大的学生"，进而使多媒体CAI的群体教学模式得以实现。

2.呈现智能化的发展方向

从功能上来讲，多媒体教学软件与智能教学辅助系统之间存在互补的关系，如果能够将两者进行结合，那么就能够在规避短处的同时发扬长处，进而使得性能较高的新一代多媒体CAI系统得以顺势而生。如果想要使多媒体CAI具备一定智能性的问题得以实现，

那么就不仅仅需要同人工智能领域的知识表达与知识推理紧密联系在一起，同时还需要对学生模型的建构问题进行考虑。在人工智能领域的知识表达与知识推理问题上，需要探求出一种能够与多媒体环境相适应的新型的知识表达方式及与之相对应的推理机制。

除此以外，还应该尽可能地应用各种方法保证多媒体知识库中导航功能的智能化发展。智能化导航在具备一般导航功能的同时，还能够根据当前学生的知识水平，对最合适学生的下一步路径给出及时的建议，如果学生遇到了困难，就要对学生进行帮助，等等。

3. 呈现虚拟现实的发展方向

虚拟现实的英文全称是 Virtual Reality，简称为 VR，属于一种交互的人工世界，需要多媒体技术同仿真技术的有机结合，在此种人工交互的情境中对一种身临其境的感觉进行创造。通常来讲，如果想要融入虚拟现实的环境中，那么就需要佩戴一个特殊的头盔与一副特定手套。

在高校体育教学中应用 VR 技术，具有十分令人鼓舞的前景，例如，我们可以建造一个"虚拟物理实验室"的系统，这种系统能够帮助学生开展各种各样的虚拟实验，如万有引力定量实验等，进而深入地了解物理的概念与规律。

伴随多媒体技术与仿真技术的不断发展，VR 实现的理论与方法也在不断发展。例如，城市设计与规划专业的学生利用这系统，能够设计和建造一座虚拟城市。如果他们能够改变城市的场景，那么就能够对于观光游览真实幻觉的出现起到一定的促进作用。

（三）同传统的高校体育教学方法相比，多媒体CAI具有的优势分析

在高校体育教学课堂教学活动开展的过程中，由于在高校体育教学内容与高校体育教学任务方面存在着一定的需求，因此，多媒体CAI能够科学合理地对现代化教学媒体进行选择和应用。而信息的全方位传递需要人体的多种感官，同时对于媒体组合开展的系统教学能够进行反馈与调控，在高校体育课堂教学中，保证它的存在是始终有效的，从而能实现高校体育教学过程的优化。

多媒体CAI高校体育教学同传统的高校体育教学活动相比，具有以下几个优点。

1.体育教师在指导学生体育学习活动的过程中对其系统进行利用

在现代化高校体育教学中，计算机能够承载大量的教学信息，能够按照高校体育教学的实际需要开展人机对话，并且能够随意地调用和开展各种各样的高校体育教学活动。

2.可帮助学生尽快建立动作概念

如果能够将多媒体ＣＡＩ应用在体育课堂教学中，就能够促进教学效果的获得。例如，体育教师在教授足球理论课时，提到"越位"这一概念的时候，大部分学生都能够很好地理解，然而在具体的实践中却不能较好地掌握。在进行表达的过程中，体育教师可以利用画图的形式，同时还可以应用声像资料，把足球比赛活动中一些典型的与不典型的"越位"镜头编辑在一起，从各个角度出发向学生展示什么是"越位"，同时还要将经过反复多次推敲的解说词融入其中，充分调动学生的各个感官，帮助他们在理性上与感性上对这一概念进行理解。

3.学生可用其直接开展自我学习、自我测验与自我评价

在高校体育教学中，教师不仅可以在课堂上利用多媒体向学生传授知识，保证学生的体育学习活动，而且还能够在课堂教学结束后利用多媒体帮助学生复习或自学。

4.向学生及时、准确地反馈其学习进程，使体育学习效率得到提高

在传统的高校体育教学过程中，教师在对跳远动作进行教学时，会指出学生做出的不规范腾空动作或者没有达到规定标准的动作，但是有时候学生可能并没有意识到动作的错误，因此导致教师和学生之间出现了沟通障碍。需要注意的是，如果想要消除错误，就需要体育教师悉心指导学生对某一种动作不断重复练习，并且不断体会动作的要领。如果是在学生需要改进某一个成型动作或者使自身运动成绩得到提高的时候，教师就可能会导致学生具有较低的训练水平与较慢的成绩提高。如果体育教师能录制学生每一次的跳跃动作，进行慢动作处理，再组织学生观看，就能使学生及时发现问题，并予以纠正。教师还可以利用计算机的处理功能，将事先录制的一些优秀学生所做的这一动作与不得要领的学生所做的动作进行对比，明显地展示出两者之间的区别，让学生们一目了然。此外，这套编制的多媒体ＣＡＩ在专业运动员的训练中也同样适用。

5. 提高学生的体育学习兴趣

在传统的高校体育教学活动中，鉴于单调高校体育教学形式与落后高校体育教学手段的存在，使得学生由于学习过程反复、辛苦、无聊而产生的不能积极应对学习的心理状态想要调整过来是不容易的，同时，多媒体CAI具有的形式是新颖的、变化多样的，能够对学生良好的心理状态进行调节，同时还能够有效刺激学生自身的求知欲，从而使学生的体育学习效率得到一定的提升。

综上所述，多媒体CAI能够刺激学生的各种感官，使他们对知识或信息进行最大限度的吸收。多媒体CAI在高校体育教学中的应用，促进高校体育教学软件多媒体化的发展，能够使学生心理上的不同要求得到更好的满足。它能够将信息编码变成图像，经过同步识别以后，保证高校体育教学文件的声图并茂，绘声绘色，清晰且便于理解，使学生更加容易接受。

（四）体育多媒体CAI课件设计

体育课件包含两个主要部分，即原理教学模式与训练教学模式。而对于体育多媒体CAI课件而言，总体的结构组成是高校体育教学内容与高校体育教学目标，其主要目标是使学生掌握体育基础知识和基本技术、技能，使学生的身体素质得到增强，使学生的良好思想品德得到培养，促进学生观察能力与模仿能力的提高。而体育多媒体CAI课件的主要内容由理论课与实践课构成。

1. 体育多媒体CAI课件设计步骤

体育多媒体CAI在设计的过程中，主要包含四个主要步骤，具体如下：

（1）体育多媒体CAI课件设计的第一阶段

在体育多媒体CAI课件进行设计的第一阶段，首先要确定题目，目的在于了解课件设计所依据的规范。

（2）体育多媒体CAI课件设计的第二阶段

在体育多媒体CAI课件设计的第二阶段，要撰写脚本。撰写脚本的目的是对高校体育教学的内容进行安排，主要是由具有丰富教学经验的高校体育教师或者学者来负责。

（3）体育多媒体 CAI 课件设计的第三阶段

在体育多媒体 CAI 课件设计的第三阶段，需要编制软件。前两个阶段还只是纸上谈兵，但是在这个阶段，不再是字面上的，而是课件的实际材料。在这一过程中需要做的工作有三项：①通过对多媒体编辑工具的利用，准备多媒体数据；②通过多媒体的著作工具制作多媒体课件；③编制相关的程序。

（4）体育多媒体 CAI 课件设计的第四阶段

在体育多媒体 CAI 课件设计的第四阶段，需要测试、检验。当完成了体育多媒体 CAI 课件的开发、设计工作以后，就需要进行测试、检验。主要目的在于对体育多媒体 CAI 课件的运行情况进行测试，检验课件能否达到规定的目标。

2. 体育多媒体 CAI 课件的选题原则

我们都需要承认的是体育多媒体 CAI 课件具有的特点与优势是非常强大的，然而，有时候也会有相对的不足与局限，因此，在完成全部教学任务的过程中，不能过分依赖体育多媒体 CAI 课件，还应该考虑高校体育教学目标、高校体育教学条件、高校体育教学资源与高校体育教学内容，保证选择的最优化，并精心设计。更重要的是要同其他教学媒体紧密联系在一起，组合应用，这样才能扬长避短，构成更加高效的教学系统。

我们首先要考虑体育多媒体 CAI 课件设计的价值，即这堂课是否必须使用课件。如果传统的教学方式能够取得良好的教学效果，就没有必要花费大量的精力制作体育多媒体 CAI 课件。所以，在确定体育多媒体 CAI 课件的内容时，如果很难使用语言对高校体育教学过程中的重点与难点进行清晰表达，在这样的情况下，使用体育多媒体课件是比较合适的。主要原因是体育多媒体课件具备较为丰富的功能，能够将声音、视频、动画、效果汇集在一起，能够更贴切地模拟自然、表现自然，或者是在实验条件的支持下，通过局部放大、旋转与重复等多种方式进行展现，从而有效地突破高校体育教学的重点与难点。基于模拟训练的目标而言，特别是初级训练更是比较适宜应用多媒体形式。体育多媒体具有比较强大的模拟功能，能够有效地实施高校体育教学中的各种模拟技能训练。例如，替代一些进展比较困难的危险实验，高校体育教学过程中学生的实际操作、周期较长或者代价较高的实验，但是，需要注意的是，在确定高校体育教学内容的时候，应该选择那些不存在演示实验或者演示实验不容易做的教学内容。

3. 体育多媒体 CAI 课件的设计原则

（1）体育多媒体 CAI 课件设计的结构化分析原则

在设计体育多媒体 CAI 课件的过程中，应该遵循结构化分析原则，而我们这里所说的结构化分析原则，主要是指设计体育多媒体课件的时候应用系统分析的方法，按照结构要素组成依次对事物进行分解，等到能够清楚地理解与表现所有要素的时候，就能够停止事物的分解了。基于结构化分析原则下的体育多媒体 CAI 课件，能够将高校体育教学的内容进行层次清楚地表达，纲举目张，不管是从系统宏观来讲，还是对于局部细节而言，所做的认识都是非常详尽的，因此，对于体育多媒体 CAI 课件中框架的展开与学科内容的设计都能够起到一定的促进作用。

（2）体育多媒体 CAI 课件设计的模块化设计原则

所谓体育多媒体 CAI 课件设计的模块化设计原则，主要只是按照结构化分析的框架图指示，将相同或相近的部分设计成模块，使其相对独立，用模块图表示出单一功能模块的组成结构，由此确定课件系统及与之相应的功能结构，进而为结构化编程创造良好的条件。

诸多实践证明，体育多媒体 CAI 课件的模块化设计不仅减轻了繁杂的内容编程的负担，还可以保证课件的风格统一、制作程序化。

（3）体育多媒体 CAI 课件设计的个别化教学原则

在选择与组织高校体育教学内容的时候，应该保证其具有广泛的适应性，并保证适用于每一层次的所有学生。同时，要根据学生能力的差异，对相应的高校体育教学程序和对策进行设计。例如，学生能够控制自己学习内容的深度和广度，并确定自己的学习进度。

（4）体育多媒体 CAI 课件设计的反馈和激励原则

体育多媒体 CAI 课件应该能随时随地对每一个学生做出的反应进行及时反馈。体育多媒体 CAI 课件要保证友好的交互界面，充分调动学生体育学习的积极性，使学生始终处在良好的学习状态中，同时，还要及时有效地强化高校体育教学的效果，使及时正向激励的作用得到有效发挥。

（5）体育多媒体 CAI 课件设计的贯彻教学设计原则

对于体育多媒体 CAI 课件的设计而言，其理论与方法在将体育课堂教学呈现包含在内的同时，也存在体育多媒体 CAI 课件的设计方法与原则。在设计高校体育教学的结构与内容的过程中，体育教师不能单纯地依靠传统的方法与经验，还要适当地使用系统的技术和方法，进而对高校体育教学目标加以设计与分析，并实施高校体育教学的诊断工作。

4. 设计体育多媒体 CAI 课件的具体方法

体育教师在开始制作体育多媒体 CAI 课件之前，应该明确课件设计工作的重要性。现阶段，有一些体育教师不能够把握体育多媒体课件的精髓所在，只是一味地追求最新的科学技术，一不小心就改变了体育多媒体课件的性质，使之成为多媒体成果展示，这样是不够正确的。之所以出现这样的结果，主要是因为没有明确高校体育教学中体育多媒体课件起到的作用，需要注意的是，在高校体育教学过程中，体育多媒体课件发挥的作用不是主要的，只是辅助性的。在体育课堂教学中，教师仍然发挥着主导作用。只有做好体育多媒体 CAI 课件的设计工作，才能够制作出更多优秀的课件。所以，在设计体育多媒体 CAI 课件的过程中，可以从以下几个方面进行考虑：

（1）考虑体育多媒体 CAI 课件的可教性

制作体育多媒体 CAI 课件的主要目的是优化体育课堂教学的结构，使提升体育课堂教学的效率，在保证促进体育教师的教的同时，还要促进学生的学。所以，在设计体育多媒体 CAI 课件之前，我们应当优先考虑其存在的教学价值，也就是说，考虑这堂课是不是有必要使用体育多媒体 CAI 课件。通常来讲，如果仅仅使用传统的高校体育教学方式就能够实现良好的高校体育教学效果，那么花费大量的精力设计体育多媒体 CAI 课件就没有必要。所以，在制作体育多媒体 CAI 课件的内容以前，应该尽可能地选择和应用那些不存在演示实验或者演示实验不容易做的高校体育教学内容。

（2）考虑体育多媒体 CAI 课件的易用性

体育多媒体 CAI 课件应该能够清楚地表达高校体育教学的目标、步骤与具体操作方法，同时，有一点需要注意的是，即在同本机脱离的情况下，在其他计算机环境中，体育多媒体 CAI 课件也能够运行成功，因此，需要注意以下几个方面的具体内容：

①体育多媒体CAI课件应该便于安装，且能够随意拷贝到其他硬盘上使用

首先，体育多媒体CAI课件应该保证启动比较快速，避免出现体育教师和学生焦急等待的情况。其次，体育多媒体CAI课件应该尽可能占据较小的容量，需要注意的是，必须更正体育多媒体CAI课件越大越好的错误观念，伴随网络技术的日新月异，体育多媒体CAI课件的运行在网络环境下最好。

②体育多媒体CAI课件应该具备友好的操作界面

体育多媒体CAI课件的操作界面应该包含一些具有明确意义的按钮和图片，同时还要能够通过鼠标进行操作，避免一些特殊的情况，例如，键盘操作复杂等。此外，应该合理设置体育多媒体CAI课件各部分内容间的转移，保证方便地操作跳跃、向前与向后等步骤。

③体育多媒体CAI课件的运行要保证一定的稳定性

对于体育多媒体CAI课件而言，在其运行过程中应该保证一定的稳定性。如果体育教师在执行体育多媒体CAI课件时做出了错误操作，那么就十分容易产生退出的情况，也会出现计算机重新启动的情况。因此，在体育多媒体CAI课件的具体操作过程中，体育教师应该尽可能地避免死机的情况保证体育多媒体CAI课件运行过程中的稳定性。

④体育多媒体CAI课件要保证及时进行交互应答

在体育多媒体CAI课件运行过程中，应该保证及时地进行交互应答，而不能将体育多媒体CAI课件等同于电影。同时，体育教师应该高度重视学生的学习，使学生学习的过程是循序渐进的，为学生留出更多的思考余地。

（3）考虑体育多媒体CAI课件的艺术性

对于一个体育多媒体CAI课件而言，它的演示在保证良好的高校体育教学效果的同时，还应该是令人愉悦的，只有这样才能够将美的享受提供给体育教师与学生。如果上述两项因素都能够保证，那么就表示这样的体育多媒体CAI课件存在较强的艺术性，完美地融合了优秀的内容和优美的形式。值得注意的是，想要实现这两个目标一点也不容易，需要体育教师不仅应该具备一定的美术基础，还要拥有一定的审美情趣。所以，如果在这一方面存在过高的要求，就很难顺利实现目的。

体育多媒体 CAI 课件的艺术性的主要表现是：具有柔和色彩的操作界面，科学合理地进行搭配，画面应该能引起学生的视觉与心理共鸣；为了能够保证将更加逼真的图像呈现出来，可以考虑使用 3D 效果；对于画面的流畅性要做出保证，避免停顿、跳跃的现象出现。需要注意的是，体育多媒体 CAI 课件的画面中最多只能存在两个运动对象；此外，不仅要存在优美的音色，还必须通过适宜的配音进行辅助。

5. 体育多媒体课件创作工具的选择

在选择体育多媒体课件创作工具的问题上，如果能够恰当地选择体育多媒体课件的创作工具，那么就能够使得体育多媒体 CAI 课件的具体实施产生更加理想的效果。这里主要从以下几个方面简单地分析比较典型的体育多媒体课件创造工具与开发工具：

（1）在体育多媒体课件的创作过程中，选择体育多媒体创作工具的基本原则

在体育多媒体课件创作的过程中，所选的创作工具的主要用途是当用户编排、制作各种各样的节目时能够起到一定的促进作用。多媒体的创作工具通常是交互的设计环境与易懂、通俗的高级编著语言，如此一来能够为用户编制各种内容提供便利。如果在体育多媒体 CAI 课件设计过程中，恰当地选择多媒体创作工具，那么就能够保证体育多媒体 CAI 课件的效用得到最大限度的发挥。

①高效原则

在体育多媒体课件创作的过程中，将会应用多媒体的开发、创作工具。多媒体开发、创作的特点主要有：具有容易实现的、丰富多样的效果较高的媒体集成度，看到的就是得到的。在体育多媒体课件备课问题与课件开发的开展方面，具有十分明显的效率优势，这一点是传统"语言"系统做不到的。

②易用原则

对于同一种知识而言，如果通过 1000 名教师进行教授，自然就会存在 1000 种不同的教学方式。而体育多媒体课件的实际操作具有简单、便捷、方便、容易使用等多种特征，如果想要体育教师真正地接受并使用它们，就需要体育多媒体课件的使用方法在较短的时间内被体育教师所掌握，即便这个体育教师对于程序设计一窍不通，甚至是对于计算机的操作也了解甚少。

③开放原则

在高校体育教学中，可以使用的素材是富有变化的，因此，体育多媒体课件必须拥有一个几乎被所有多媒体格式都能兼容的多媒体课件创作开发平台，在能够提供或者应用各种各样高校体育教学素材的同时，还能够支持各种各样输入的设备格式。此外，还应该保证存在的所有素材都能够得到充分利用，自己的产品不管是在哪一台计算机上都能够适用。

④价廉原则

体育多媒体课件创作工具选择的价廉原则，是一种共同要求，在任何一个领域中都适用。当前"质优"是必要的前提。

（2）体育多媒体课件创作工具简介

在创作体育多媒体教学课件的过程中，选择创作工具的时候必须对其存在的功能进行了解。通常来讲，体育多媒体课件创作工具具备的功能有很多，例如，①为体育多媒体的编程营造良好氛围；②多媒体数据管理功能；③超文本功能；④超媒体功能；⑤对于体育多媒体数据的输入和输出都能够进行有效的支持；⑥连接各种各样应用的功能；⑦友好的用户界面；⑧制作、编排动作的功能。

在创作体育多媒体教学课件的过程中，如果体育多媒体的创作工具存在于不同的界面，那么就会存在不同的创作特点与创作风格，同时，每一种都会存在各自不同的优点与缺点。但是，如何对这些界面不同的创作工具进行选择，主要是依据个人的偏爱与需要完成的创作任务。例如，如果仅仅是制作学术会议的报告与研究生答辩内容，那么就不需要通过更加复杂的编程软件来完成制作，只需要使用幻灯创作工具就可以了。但是，需要说明的是，如果想要制作某一个领域中的教育教学软件，以便于更好地辅助个别化教育训练的开展，或者是在实际操作练习中使用，那么就应该选择具有较强交互性的多媒体创作工具。对于几种比较常见的多媒体创作工作，作者进行了如下分析：

①幻灯式多媒体创作工具

体育多媒体课件创作过程中的幻灯式多媒体创作工具，一般来讲，是呈现一种以线性为主的体育多媒体创作工具。而此种创作工具在应用中就是通过一系列幻灯片的排列来对过程进行呈现，也就是按照顺序分离并展示屏幕。而此处提及的幻灯片，可以是简单的文字幻灯片，也可以是简单的图像幻灯片，还可以是由声音、图像、文字、视频或者动画等多种要素结合在一起的体育多媒体课件的复杂组合，但是，有一点需要强调，那就是，一般来讲，此种体育多媒体课件创作的幻灯式多媒体创作工具，在开始使用之前必须存在一个预先设置完整的展示程序。

对于体育多媒体课件创作的幻灯式多媒体创作工具而言，其某一些特殊存在能够将一定程度的交互提供出来，再按照一定顺序进行体育多媒体教学课件界面中存在的键盘操作、鼠标操作与按钮操作，在对体育运动技术动作进行设计的时候，必须借助动作按钮的功能完成超级链接，此外，也可以打开一些外部程序。幻灯式多媒体创作工具中比较典型的就是 PowerPoint，其显著特点就是简单、易学、易用，能够将一个创作展示的完整软件环境展示出来，不仅包含集成工具、格式化流程、绘画，还包含其他多种选项。此外，对其包含的许多模板，我们可以直接进行调用，但是此多媒体创作工具也存在一些缺点，即只存在简单的交互，甚至是缺乏交互，并且存在的交互只是在幻灯的线性序列的点之间进行跳转。在学术报告、汇报与演示过程中对此种幻灯式多媒体创作工具使用较多。

②书页式多媒体创作工具

书页式多媒体创作工具的主要特点是，将相关的高校体育教学内容制作成一本书的形式，当然也存在"页"，并且这些页像书稿一样，也有一定的顺序。而上述的这一特征同体育多媒体课件创作的幻灯式多媒体创作工具是比较相近的，但是，两者之间也肯定存在一定的差别，即在页与页之间也能够有效支持更多的交互形式，给人一种身临其境、能够浏览真实书稿的感觉。书页式多媒体创作工具的典型是 ToolBook。此软件能够对应用程序进行想象，使之成为具有很多页的书籍，在它自己的窗口中可以对每一页的内容进行画面展示，里面有大量的交互信息与媒体对象。可以说，书页式多媒体创作工具与幻灯式多媒体创作工具相比，在结构方面，交互能够在一页内完成，显示出更加丰富的特点。对于 ToolBook 来讲，在一个独立存在窗口上，每一次只能显示一个内容。因此，在应用程序中的实现智能只能是利用页面不同的现实才能够完成。此外，还能够在打开某一本书的某一页内容的时候，同时打开其他书籍，所以，对于更加复杂的层次结构的建立，可以进行充分考虑，也就是所谓的书架式的应用程序。对于此种书架式的应用程度而言，其原理在于在书架上，将多种多样的事物当作一本书进行放置。

比较典型的创作工具就是 ToolBook，是由 Asymetrix 公司负责开发的。ToolBook 是水平较高的面向对象开发的一个环境，它能够将面向对象的一种程序设计语言 OpenScript 提供出来，两种相关的信息可以通过这种语言在一起链接，从而对于各种任务的完成起到一定的促进作用，例如，可以用于动画声音、计算数字、播放图像等等。此种体育多媒体课件创作工具的特点，一般在其对应用程序的组织方面体现出来。此种创作工具具有较强的超级链接能力与超级文本能力。对于 ToolBook 而言，如果按照使用的角度对其进行划分，就能够分成两个主要层次，分别为 ToolBook 的作者层次与读者层次。从读者层面而言，用户能够执行对书的各种操作，同时，阅览它的内容；从作者层面上来讲，设计者能够使用命令来实现对新书的编写；在修改对象或者程序中各个页次对象等的时候可以对调色板与工具箱进行利用。

③时基模式创作工具

我国这里所说的时基模式创作工具，是一种常见的多媒体编辑系统，主要将时间作为基础，通过此种编辑创作工具制作出的内容近似于卡通片或者电影。时基模式创作工具通常是利用看得见的时间轴来对显示对象上演的时间段与事件的顺序进行确定。在存在这样的时间关系的情况下，它的出现形式可以是许多频道，从而能够使多种对象得到安排，同时呈现出来。通常在这样的系统中会有一个控制面板的存在，主要是为了对播放进行控制，一般来讲就像常见的录音机与录放像机，主要包含演出、快进、倒带、前进一步、后退一步、停止等按钮。

④网络模式创作工具

对于网络模式创作工具而言，它可以允许程序组成一个自由形式的结构，即可以从任何一个地方到其他任何一个地方。同时，它存在不固定的结构与呈现顺序。在利用网络模式创作工具进行创作的过程中，仍旧需要作者建立自己的结构，也就是说作者需要尽可能多地完成工作。但是，在所有模式的多媒体创作工具中，此种创作工具是一个存在多种层次的、比较适宜建立的应用程度。比较典型的软件是"Mefia Script"，能够从应用程序空间的任何一个对象使用户随意地跳转向其他任何对象，访问是完全随机的。网络模式的实现可以对任何一种程序语言进行利用，然而，它存在较高的计算机方面的要求，首先需要作者至少是一名程序员。

⑤传统程序语言为基础的多媒体创作工具

于程序员在编程方面比较擅长，通常对于多媒体编辑创作系统的限制及依赖工具箱产生对象的方式很难接受，所以，想要他们对多媒体创作系统进行应用，完全地丢弃掉他们所熟悉的语言创作工具是非常困难的，几乎不可能实现。在这样的情况下，不仅要适当地保留传统语言的特征，还要对于设计程序过程中所涉及的环境进行改进，使之能够向一个可视化操作系统转变。如果这样的话，就能在程序编写的过程中，使程序员在充分利用传统语言的同时，还能够对多媒体开发的工具箱进行应用，并且直接使用工具箱内的这些编码，使之变成能够得到重用的编码。可以预见，此种多媒体创作工具存在的应用前景是相当广泛的。

四、基于 Web 的体育多媒体网络课件的教学设计

（一）体育多媒体网络课件设计特点

基于 Web 的体育多媒体网络课件的设计，主要强调了高校体育教学过程中学生的中心地位。在主动获取知识的环境下，教师和学生的地位、作用和传统教学方式已发生了很大的变化，相应的教学设计理论与传统教学相比也出现了差异。因此，就需要围绕以学生为中心、强调教师与学生充分交互这一原则对体育多媒体网络课件进行设计，保证能够将体现网络教学特点的软件设计出来。

1. 强调"以学生为中心"的思想

在体育多媒体网络学习的过程中，应该使学生自身的主体性作用得到有效的发展，将高校体育教学课内与课外相结合、体育锻炼活动自觉参与的精神得到展示。应该保证学生能够在自身联系反馈信息的支持下，形成对高校体育教学理论与方法的独到见解。

2. 强调情境在获取知识中的重要性，强调高校体育教学信息的接受与传递不等同于知识建构的问题

在体育课程构建的实际情境中，能够开展一系列的相关学习活动，能够促进现有认知

结构中的一些相关经验能够被学习者有效利用，使他们可以更好地固化、索引现阶段所学的体育教学的新知识，进而将某种特殊的意义赋予到新的高校体育教学知识中。因此，在对体育学习情境进行构造的过程中，必须强调知识点与知识点间的结构关系，注意不能只是简单地罗列高校体育教学内容。

3. 在获取知识方面，强调协作学习发挥的重要作用

在设计体育多媒体网络课件的过程中，对于学习者与周围环境之间存在的交互作用，还有网络环境能够强化协作学习环境的作用能够得到充分有效地发挥，这对于学习者充分理解高校体育教学内容有着非常重要的作用。

4. 强调学习环境的设计

我们这里所说的学习环境，通常指的是学习者能够自由地进行学习与探索的场所。在学习环境中，学生为了能够使自身的学习目标得到顺利实现，需要充分利用各种信息资源与工具。基于Web的体育多媒体网络课件的设计，在以学生为中心思想的指引下，并不是从高校体育教学环境进行设计，而是针对学习环境展开一系列的设计。这样做的缘由是，更多的控制与支配产生于教学过程中，而更多的主动与自由则会产生于学习过程中。

5. 强调学习过程中各种各样信息资源的有效利用

在体育多媒体网络学习的过程中，为了能够有效促进学习者对知识的主动获取与探索，需要将更多有效的各类信息资源提供给学习者，与此同时，对于学生自主学习活动与协作式探索的顺利开展得到促进,对于这些媒体与资源应该科学合理地利用。因此，在选择、设计同传统课件相关教学媒体的问题上，需要应用全新的、有效的处理方式。例如，充分考虑如何获得信息资源、获取信息资源的途径有哪些、怎样有效利用信息资源等多项问题。

（二）高校体育教学内容的选择与组织

只有选择和组织高校体育教学内容精心，才能够使Web的优势得到充分利用。具体的做法主要包含以下几个方面的内容：

1. 教学内容的多媒体化

在高校体育教学中，不仅可以对文字和图片进行使用，还可以利用声音、动画和视频。

如果高校体育教学内容具有多元化的形式，那么也要综合地设计高校体育教学内容的形式，对于文字形式、图片形式、声音形式、视频形式与动画形式等多种高校体育教学手段综合利用，翔实地解说体育运动技术动作的要点、方法、难点、练习方法、容易犯的错误、纠正错误的方法等多方面的问题。

2. 补充体育教学相关的内容与链接

在体育教学中，在教学的各个知识点中不仅能够将体育课程教学大纲要求的内容引入其中，还可以融入大量的相关信息与知识。例如，在"篮球"中，不仅仅包含体育课程教学大纲中规定的一些技术教学内容与战术教学内容，同时，对于篮球运动的所有技战术进行了扩展，还补充了篮球运动技战术实战应用的内容。在完成体育课程教学大纲要求内容的同时，使爱好篮球运动的学生能够对于国内外先进的篮球运动技战术、教学与训练相关网络站点进行了解和学习。此外，还能够对网络连接的特点进行利用。

3. 高校体育教学内容动态更新

在体育课程网络教学中，学生体育学习教材由体育教师负责编写的传统方式已经不再适用了。之所以这样，主要是因为在体育课程网络教学中，对于高校体育教学课件的相关内容，学习者可以自由地进行浏览，同时，还能够通过网上教师答疑解惑与课程互动讨论等教学手段对高校体育教学内容进行学习，同时，还可以提供一定的修订意见，促进高校体育教学互动过程中教师与学生对教材进行共同编撰可行性的实现。经过体育相关教材的共同撰写以后，对于自身的问题与意见，学生能够进行充分表达，从而大大提高使体育课程网络教学过程中学生的参与感。

（三）体育多媒体网络课件的结构设计

在设计体育多媒体网络课件结构的时候，需要考虑的因素有：高校体育教学的目标、高校体育教学的内容、交互方式的性质。体育多媒体网络课件结构主要建立在高校体育教学内容的基础结构上，它可以保证体育多媒体网络课件的相关教学功能与大致框架得到充分的反映。

对于体育多媒体网络课件而言，其总体结构主要由两部分内容构成，分别是高校体育教学的内容、网络交互。高校体育教学的组成内容，不仅包含体育课程教学大纲要求的全部内容，还包含一些扩充性的知识。在高校体育教学网络手段应用的前提下，大量同体育课程教学核心内容相关的补充性知识在体育教学内容中能够有机融合，进而促进高校体育教学资源的特定环境的营造，对于那些有不同兴趣、爱好的学生而言，能够保证他们的个性化学习活动得到适当的支持。在引入大量扩充性知识的情况下，极大地丰富了体育多媒体网络课件的内容。对于体育多媒体网络课件而言，其主要内容包含了体育理论课的教学内容与体育实践课的教学内容。

对于体育多媒体网络课件而言，其包含了多项内容，例如相关课程的介绍、课程讲解的要点内容、教师答疑解惑、课程讨论、作业处理与课程公告等等。其中，相关课程的介绍主要有对学习总体目标、考核办法、学习方法、学习进度与课时安排等的介绍；课程讲解的要点内容主要有每一个项目的教学任务，技术动作的要点、难点、练习方法、容易犯的错误与纠正的方法，等等。

（四）撰写脚本与设计素材

多媒体手段的引入使得高校体育教学内容的形式得到多元化的发展，在制作体育网络课件时需要考虑素材的撰写和设计。这里所说的素材，主要包含文字、图形图片、声音、动画和视频等等，对于这些不同类素材之间的连接关系也要进行考虑。

1.文字脚本的撰写

通常对 Word 软件进行利用，来实现文字脚本的撰写，在内容的问题上，不仅仅要考虑高校体育教学的知识点，利用文字清晰地表达出教师的讲解，另外还要在引入图形图片、动画及视频的文字处及超文本链接处做出标记，以便于后期的制作者使用，所以，在字数上，文字脚本是传统教材的 2 ~ 5 倍。

2.声音脚本的撰写

在网络条件的制约下，如果在高校体育教学网络课件中应用大量的声音文件，很有可能会降低其最终的运行速度，所以，声音文件的使用只能在特别需要的地方才可以，例如对动画的解说、对视频的解说等。同时，在撰写这一种类别的声音脚本的时候，首先要考虑的是目标动画与目标视频；其次，按照动画的解说与视频的解说对时间与内容开展配音，需要注意的是，应该保证配音脚本的精练化；最后，将动画与解说的过程、配音的过程紧密地联系在一起。

3. 关于图形图片的设计

我们常说的图片，就是指利用拍照技术生成的图片。当体育教师向学生讲解高校体育教学内容的时候，可能需要使用大量的图片。我们常说的图形，就是指利用计算机的相关软件绘制出来的示意图，例如篮球运动技战术配合的相关线路等等。在拍摄图片以前，体育教师应该针对每一个技术动作按照文字讲解的实际需要进一步设计照片拍摄的地点与数量。通过计算机相关软件绘制出的示意图，不仅要表现相关的内容，还要确定图形的种类，可以用二维图形的绘制，也可以用三维图形的绘制。从原则上讲，为了能够使基于Ｗｅｂ的体育多媒体网络课件的制作成本适当降低，尽量使用二维图形，而放弃使用三维图形。

4. 关于动画的设计

这里所说的动画，主要是指动态的图形或图片。在基于Ｗｅｂ的体育多媒体网络课件中，动画的使用只是为了表达一些原理性的内容，例如，体育教师在讲解球类运动的战术配合问题的时候，就需要应用二维动画。在对相关动画进行设计的时候，首先需要设计的就是最原始的静态图形，然后需要通过文字与图示对初始动态图形的每一个变化过程进行说明，同时，还要编写相应的解说文字。动画脚本的主要构成有：每一步动作的图形、说明性的文字与线条、图片中的文字提示、解说的文字等。一般来讲，一套规范的制作表必须由制作人员和脚本撰写人员一起商讨、确定，这对于撰写脚本与双方交流活动的开展能够起到一定的促进作用。

5. 关于视频的设计

在基于Ｗｅｂ的体育多媒体网络课件设计过程中，视频的拍摄类似于图片的拍摄。通常来讲，视频的拍摄和图片的拍摄在步骤上是一致的。同时，如果拍摄过程中使用的是数字摄像机，那么图片拍摄与视频拍摄事实上就相同的过程。

6. 关于功能的设计

对于基于Ｗｅｂ的体育多媒体网络课件而言，其功能的设计内容主要有：对于课件界面的层次选择、导航模式设计、按钮的选择、功能按钮的确定、课程内容展示方式的确定、类型不同素材的连接方法确定、课件内容文件结构的确立等等。功能设计的目的主要是最大限度地使用多媒体网络手段，以便于能够使特定内容对教学活动辅助作用的完成起到一定的促进作用。在基于Web的体育多媒体网络课件中，按照总体结构的相关要求，通常通过三级结构对界面进行设计，分别是主要界面（也就是网络课件的主页面）、选择内容的界面、讲解内容的界面。

在基于Web的体育多媒体网络课件的主要界面中，通常存在两组可以选择内容的按钮，分别是高校体育教学内容组按钮、网络交互组按钮。为了适当减少页面切换的数量，提升基于Web的体育多媒体网络课件的运行速度，在选择内容的界面设置每一节内容选择按钮的同时，还要设置每一章节的切换按钮。针对某一个高校体育教学内容，综合利用各种各样形式的高校体育教学手段，可以采用的高校体育教学手段有文字介绍、动画讲解、图像图片、录像片段等。不仅如此，基于Web的体育多媒体网络课件还可以设置其他超文本链接形式的按钮，例如欣赏、友情链接到其他的网站。在基于Web的体育多媒体网络课件中，其界面存在的各式各样的按钮充分考虑了学生的各种需求。此外，还可以科学合理地增加按钮的趣味性与动态效果。

基于Web的体育多媒体网络课件作用的主要表现是，能叫较好地解决实践课中理论讲授时间紧且不系统的问题，可在网上完整系统地讲授体育课的教学内容，供不同需求的学生在网上进行个性化学习；可以利用多媒体的手段对体育运动技术的动作要领进行形象生动的讲解，保证统一的、规范的动作可以便于学生重复多次地进行观摩与学习，从而保证基于Web的体育多媒体网络课件对于课外体育锻炼能够起到很好的辅助作用；对于网络上能够提供的条件应该充分地利用，对于相关的问题，体育教师应该指导学生进行讨论，并且为其答疑解惑。

基于Web的体育多媒体网络课件，其应用与发展在对高校体育教学手段与高校体育教学方法进行改革与创新的同时，还会在一定程度上影响体育教育理论的发展与高校体育教学模式的发展。在未来，多媒体课件中的一种重要形式就是基于Web的体育多媒体网络课件，同时它也将成为网络教学发展的重要基础资源之一。

第二节　微课的应用

一、微课的概念

(一) 微课的概念

所谓微课，主要是指以视频的方式把教师在课堂内外教学活动开展过程中传授的教学环节或者强调的主要知识难点与重点进行展示的一种新型的教学资源。微课具有一些比较显著的特点：① 碎片化；② 突出重点；③ 具备的交互性比较强；④ 能够多次反复使用。微课作为一种全新的教学模式，能够利用学生的碎片化学习活动随时随地展开。

(二) 微课的组成

微课的组成内容的核心就是示例片段，也就是课堂教学视频。不仅如此，还有同某个教学主题相对应的辅助性教学资源，例如素材课件、教学设计、练习测试、教师点评、教学反思和学生反馈等等。在一定的呈现方式和组织关系下，它们共同营造了资源单元应用的"小环境"，而这里所说的资源单元的显著特征是主题式的半结构化单元资源，因此，微课同传统单一资源类型的教学资源之间存在一定的差异，主要表现在教学设计、教学课例、教学课件与教学反思等方面，同时，微课与上述这些教学资源之间存在一定的联系，即微课作为一种新型教学资源，其发展基础就是上述这些教学资源。

(三) 微课的特点

1.碎片化

微课视频具有 10 分钟左右时长，通过清晰的视频的方式呈现课堂教学过程。一堂传统课堂教学的时间是 45 分钟，而原有的段状课程在微课的作用下，逐渐向点状课程转变，促进了更加精华、细致课程内容的出现，因此，学生除了课堂的教学的时间以外，还可以利用课外的其他零散时间学习，例如，当学生排队等待就餐的时候，可以利用这一小段时间进行学习，所以，微课的显著特点之一就是碎片化。

2. 突出重点

基于学生的学习特点，在微课显著碎片化特点的影响下，微课也对教师的教学能力提出了更高的要求。在微课视频的 10 分钟展示时间内，要求教师呈现严谨的逻辑性，同时还要将课程内容的重点与亮点突显出来，真正抓住学生学习的重点所在，这样才能够更好地激发学生的学习兴趣。

3. 较强的师生交互性

微课作为一种新鲜的课堂形式，在满足学生知识渴求与猎奇心理的同时，还能够有效改善传统教学模式中教学内容单方面输出的情况。在微课教学中，教师与学生之间的互动得到加强，不仅及时收集了学生课程学习的兴趣点，同时，对于学生存在的疑问，教师也能够及时给予解答。这无疑会为教师课程后期的设计提供便利条件，使其能够满足现阶段学生的知识渴求，进一步提升课程教学的效果。

4. 能够多次反复使用的教学资源

在微课的模式下，学生能够按照自身的实际需要，随时随地展开体育学习活动。例如，在课程开始之前，学生可以通过微课来预习运动技能、巩固难点和重点、练习课后的动作，等等，上述的这些微课学习途径，在进一步提升教学效果的问题上都能够发挥出有效的促进作用。此外，使用微课教学模式，还可以增强学生课程学习的积极性。

二、微课在高校体育教学中的应用

由于微课具有碎片化、突出重点、较强的师生交互性与可重复利用教学资源的特征，从体育微课的基本设计原则出发，开发质量较高的体育微课，能进一步改善当前高校体育教学的现状，提高学生体育运动项目学习的兴趣，所以教师应该一直探索微课在体育教学中的应用。一般来讲，在高校体育教学中，微课主要有以下几个方面的应用：

（一）微课在学生体育需求调研中的应用

鉴于高校体育教学传统模式中同高校体育教学内容间存在的关联，在高校体育教学实践活动正式开始前，体育教师应该按照课程逻辑将高校体育教学内容中的重点与难点提取出来，同时，还应该同现阶段体育栏目与体育热点新闻相结合，制作体育微课，之后再将已经制作完毕的体育微课利用移动互联网的各种渠道实施学校范围内的广泛传播，通过对微课中学生的点击率与同帖评论内容的考察，体育教师能够有效地评定体育课程内容的合理性，保证体育教师更加深入地了解学生的兴趣与期待。此外，在前期对体育微课进行传播，能够有效地调动学生体育学习的积极性，使学生更加期待即将要学习的新内容，使学生的被动学习行为转变为主动学习行为，进而提升学生的体育参与度。

（二）微课在体育课程设计中的应用

体育微课不仅补充了传统的高校体育教学模式，还是多媒体时代下高校体育教学发展的必然结果。微课的逐渐出现，使得原本的体育课程设计得到了重新定义，因此，就需要保证体育课程有理有据，有血有肉。在高校体育教学的后期阶段，将改变以往室内体育理论课与室外实践课分开开展的体育课程设计，将两者进行融合，同时考虑多媒体时代大数据的时代特征，在设计室内理论课的时候，可以以教师和学生的信息数据交流为主，掀起他们在体育课程中的头脑风暴，呈现出更加公平、更加自由的体育课程。此外，在这样的形式下，体育教师的教学思维能够得到更进一步更新，不断提高学生体育学习的热情。

（三）微课在体育教学中的应用

一方面，基于体育时事热点与体育课程的新内容等方面，体育教师能够设计新颖的体育新课，并向微课导入，在体育课堂教学中，组织学生集体观看，主要的目的在于吸引学生的注意力，激发他们体育学习的兴趣；另一方面，在高校体育教学实践活动中，体育教师可以将复杂动作的教学制作成微课，同时，在体育课堂教学中重复地播放，将更加具体、更加直观、更加生动、更加形象的高校体育教学过程呈现出来。

（四）微课在体育课后辅导中的应用

一节体育课堂教学时间是 45 分钟，在有限的时间里想要面面俱到地讲授所有内容、实现精细化教学几乎是不可能的，所以，一部分学生不能与教学节奏同步或者是一些学生不能充分掌握所学运动技能的情况必定会出现，所以，当体育课堂教学结束以后，教师可以将包含高校体育教学重点的微课视频给发放学生，以便于学生能够在课堂结束以后，对于已经学习的技术动作进行练习，对课堂上所学内容进行复习，切实保证温故知新，有效地提升学习效果。

（五）微课在体育课程分享中的应用

从本质上来讲，分享就是学习，学生喜欢在朋友圈中分享一些优质视频课程，对身边的朋友、同学进行分享，使学习圈子得以扩大。因此，我们应该构建一种倡导分享精神的学习共同体，这样能够保证学习共同体成员间互相督促，对有用的体育学习信息进行分享。例如，将微课应用在体育舞蹈教学过程中，在校园内学生可以对已经学习到的且比较感兴趣的体育舞蹈课进行分享，使越来越多热爱体育舞蹈的学生能够及时地获取、分享学习资源，同时，学生还可以自发组织校园内其他兴趣一致的学生，安排大家一起对体育舞蹈微课进行学习，保证体育舞蹈社团的更进一步发展，通过对社团活动的有效组织，例如"快闪"等，使学生的课堂学习以外的生活得到丰富。

第三节　慕课的应用

一、慕课的概念

（一）授课形式

慕课是一种通过某一个共同的主题或者话题将在世界各地分布的学习者与授课者联系在一起的方式方法。

几乎所有慕课都采用每周一个话题研讨的方式，并且只会将大致的时间表提供给授课者与学习者，但是一般来讲，慕课课程都不会对学习者提出特殊要求，一般会进行说明的内容都比较简单，例如，阅读建议、每周进行一次问题研讨等等。

（二）主要特点

1. 规模比较大

所谓规模比较大，指的是网络开放的大规模课程，而不是以个人名义对一两门课程进行发布。我们这里所说的网络开放的大规模，通常是指那些参与者发布出来的课程，一般会被人们称作大规模的课程或者大型课程。慕课的典型形式就是这些课程。

2. 开放的课程

所谓开放的课程，一般会严格遵守创用（CC）协议；可以说，开放的课程，就能够被称为慕课。

3. 网络课程

网络课程的相关材料通常在互联网上散播，而不是面对面的课程。此种课程的显著特征就是没有上课地点的特殊要求。例如，如果你想对美国大学的一流课程进行学习，那么不管你处在什么地方，不需要花费太多的金钱，只要有网络连接与电脑就能够实现。

二、慕课在高校体育教学中的应用

（一）高校体育教学中慕课的应用价值分析

慕课引入我国已经过了很长一段时间，许多学校都开始尝试这种新式的教学方法，然而，慕课在高校体育教学方面的应用非常少。实际上，慕课在高校体育教学中也是非常适用的。

随着社会网络的日渐发达，人们每天都会上网，不管是浏览网页，还是刷微博，我们都必须承认网络在当代人们生活中承担的责任越来越重要，而慕课就是利用此种现状，在学习的过程中充分利用网络条件。

除此之外，作为一种学习方式，慕课还具有一定的主动性，任何人的监督与强迫都不会对其发生作用，使用者可以按照自己的兴趣爱好，选择、学习自己喜欢的运动。同时，慕课所拥有的资源范围是非常广泛的，在高校体育教学中应用慕课，教师和学生还可以实现对国外高校体育教学资源的分享与使用。

现阶段，学校体育课的开展形式主要是体育教师授课、学生接受学习，即高校体育教学课堂教学中，教师首先进行讲解、示范，之后学生再进行练习。然而，我国大多数体育课一般都是 45 分钟，当体育课的准备活动做完以后，由体育教师进行体育技术动作的讲解与示范，但是，一堂体育课的时间已经耗费很多，学生们的练习活动无法在剩余时间展开。然而，对于这个问题，慕课就能够很好地进行解决。

当体育课堂教学结束以后，学生在课后就能够自行复习。在体育慕课视频中包含真人操作与讲解，能够帮助学生对于体育课堂学习的动作进行复习与记忆。尽管高校体育教学时间长达一个半小时左右，学生能够拥有足够的时间去学习、练习体育运动技术，但是他们只能对每门体育课修习一次，基本上每一个学期所要学习的内容都是相同的，但是学生中会存在差异，不利于一部分学生深入学习和练习。

在高校体育教学中应用慕课，不仅能够保证学生深入学习活动的开展，还有利于学生自己掌握学习进度。同时，由于慕课中的学习资源非常丰富，有利于学生寻找到适宜自己的运动方式。例如，对于一部分学生而言，可能剧烈的运动不适合他们，所以，他们能够在慕课中寻找比较适合自己的运动，如此一来，不仅能够避免损伤自己的身体，还能够顺利实现体育锻炼的目的。

实际上，如今许多家长也比较重视学生的体育锻炼问题，为了保证孩子的健康成长，家长总是喜欢带着孩子从事散步、晨练等体育锻炼活动。然而，这些体育活动能够取得良好的效果吗？大多数时候，人们通常会认为，只要参加体育锻炼了，那么就会有益身体健康，然而，需要注意的是，如果人们不能应用健康的方式开展体育锻炼，那么在浪费了体育锻炼时间的同时，还会在一定程度上造成身体伤害。如果在高校体育教学中应用慕课，那么参考标准的动作完成体育锻炼，在这样的情况下，就像有一个专业的私人教练陪在自己身边，能对体育锻炼活动进行正确的指导。

（二）慕课应用在未来高校体育教学中的发展

慕课来源于国外，在我国高校才刚刚开始起步，而且有一些内容对于我国高校是不适用的，必须进行一定时间的磨合，慕课才能够同我国的教学理念相适应。

基于这种形式，我国大部分高校应该按照自己学校的特点自行录制慕课视频。同时，在录制慕课视频的时候，可以是多个学校的教师共同参与、讨论，然后对多个优秀的视频进行选择，并且上传到网上，方使学生观看、下载、学习。由于不同的教师在讲课的风格与方式上也会存在不同，而慕课中包含多个教师的教学课程，那么学生就能够选择最适合自己的教师。此外，这样的方式能够避免大课参与人数多的情况能够进行避免，还能够有效改善学生听课效果不佳的情况。将慕课应用在高校体育教学中，能够使小班教学的目的得以实现。同时，同一学科由多个教师进行录制，能够更加容易形成比较与竞争，能够帮助学生更加仔细地观察自己在学习中的，使高校体育教学质量得到提高。因为慕课在高校体育教学中的应用主要以网上教学为主，所谓的监督制度是不存在的，因此，要求学生具有较强的自主学习能力。在高校体育教学考核的问题上，可以不再使用计算机考核的方式，体育教师组织学生开展网络学习以后，再安排传统方式的考试即可。只有这样才能够有效避免学生通过计算机检测进行作弊的情况。此外，还能够对于学生慕课学习的效果进行检测。需要注意的是，教师与学生都应该摆正对于慕课教学的认识，教师与学生应该摆正。

对于慕课教学而言，并没有让教师完全解放出来，例如，在高校体育教学中，通过慕课教程开展教学的方式是可取的，然而，如果学生出现一些疑问，也只能是对同一个视频进行观看。因此，教师与学生之间应该有定期交流，如此一来，不仅能够使教师和学生之间的感情得到增进，还能够对学生的学习产生一定的帮助。尽管我国对于慕课的应用还处于起始阶段，然而，在现代网络发展的背景下，慕课的发展是一种必然趋势。将慕课应用在高校体育教学中，能够给教师未来教学的开展带来一定的启示，需要注意的是，在使用慕课开展高校体育教学的时候，还应该同国内的高校体育教学情况相结合。

例如，在篮球运动课堂教学中，不仅仅要对手指上的动作进行教学，还要对脚上的动作进行教学，更重要的是还要将两者的教学活动紧密地联系在一起。因此，在制作慕课的时候，不仅要将这些动作进行分解，还要有一个规范的整体动作，以便于学生学习活动的开展。查阅相关的文献资料可知，尽管国内已经引入慕课的教学方式，但是慕课在高校体育教学中的应用还不广泛，如果想要构建体育慕课的完整体系，那么就需要具备相关的慕课教程。一般来讲，由国外引入的教学资源通常都是外语，存在大量的体育专业名词，导致学生容易在理解上出现困难。面对这种情况，在制作慕课的时候，可以聘请我国优秀的体育教师结合具体的教学情况进行制作。此外,针对制作慕课的情况,还要设定一定的标准,如果慕课没有达到标准,那么就不能够被使用,这对于慕课的进步与发展是非常重要的。

第四节　翻转课堂的应用

一、翻转课堂的概念

（一）含义

所谓翻转课堂,词汇来源是英文的"Inverted Classroom"或"Flipped Classroom",通常指重新调整教学课堂内外的时间。从本质上来讲,就是学习的决定权不再属于教师,而是由学生掌握学习的主动权。在翻转课堂教学模式的应用过程中,学生能够在课堂中有限的时间内更专注地开展学习活动,对于全球化的挑战、本地化的挑战、现实世界中存在的问题,教师与学生可以一起研究、解决,使得获得理解的层次更加深入。

在课堂教学中,教师不会再耗费大部分的时间去讲授信息,但是在课堂教学结束以后,学生需要自主完成这些信息的学习,他们可以利用的方法有听播客、看视频讲座、阅读功能强大的电子书,或者是通过网络同其他同学互相讨论。综上所述,在翻转课堂教学模式应用的过程中,不管什么时候,学生都能够对自己所需的材料进行查阅。

此外,教师同每一个学生进行交流的时间也得到了增多。当课堂教学结束以后,学生就能够自主规划学习节奏、学习内容、学习风格与知识呈现的方式,同时学生的知识需要教师对讲授法与协作法的使用才能够得到满足,使学生实现个性化的学习,最终的目的是通过实践活动保证学生学习活动的真实性。

（二）主要特点

在很多年以前,人们就对视频教学的方式进行过研究、探索。最直接的证据是,世界上大部分国家在20世纪50年代的时候就开展了广播电视教育。为什么传统教学模式没有受到当年所做探索的任何影响,而翻转课堂教学模式却被广泛关注呢？作者认为是由于"翻

转课堂"具有以下几个明显的特点:

1.教学视频的短小精悍

好的教学视频,很明显存在一个显著的共同点,即短小精悍。即便是较长的视频也只有十几分钟的时间,而大部分视频通常只有几分钟的时间。同时,每一个视频的针对性都比较强,如果能够对某一个特定问题进行讲解,那么也就会比较方便进行查找;应该尽量把视频的长度控制在学生注意力比较集中的时间范围内,以便同学生的身心发展特征相适应;在网络上发布的视频具有回放功能、暂停功能等,能够自己进行控制,使学生的自主学习能够得以顺利实现。

2.教学信息的明确清晰

在美国数学教育者萨尔曼·汗的教学视频中存在一个比较明显的特征,即唯一能够在视频中看到的就是他的手,不断地书写一些数学符号,并且将整个屏幕慢慢地填满,同时,在书写的同时,还有画外音的配合。对此,萨尔曼·汗自己的观点是,这样的方式同我站在讲台上讲课是不一样的,这样的方式就像将我们聚集在同一张桌子前面,一起学习,在一张纸上写下内容使人感觉贴心。这也是同传统的教学录像相比,翻转课堂教学视频的不同之处。如果在视频中出现了教室中的各种摆设物品,或者是教师的头像,那么就非常容易分散学生的注意力,特别是当学生处于自主学习状态的时候。

3.重新建构学习流程

学生的学习过程一般会有两个组成阶段:① 第一阶段,传递信息。其实现需要教师与学生之间的互动、学生与学生之间的互动。② 第二阶段,内化吸收。这一阶段需要学生在课堂教学结束以后自己完成。在学生自己完成的过程中,因为缺少教师的支持与同学的帮助,因此学生经常会出现挫败感,丧失学习的动机与成就感。

翻转课堂的教学"模式"使学生的学习过程得到重新建构。第一阶段的传递信息,是在课堂教学开始之前由学生完成的,而教师提供视频的同时,也提供在线的辅导;此外,第二阶段的内化吸收,是在课堂教学中,由互动而实现的,对于学生的学习困惑与困难,教师应该提前了解,同时在课堂教学中对学生进行有效的指导,而学生与学生之间的互相交流活动,对于学生内化吸收知识的整个过程还能够起到一定的促进作用。

4. 复习检测的快捷方便

当学生观看完教学视频以后，就会看到视频结尾处出现的几个小问题，通常是四个或五个，能够帮助学生及时检验自己的学习情况，同时，根据自身的学习情况做出合适的判断。如果对于这几个问题，回答得不是很理想，那么学生就应该回放一遍教学视频，仔细思考出现问题的原因。同时，教师可以通过云平台对学生回答问题的实际情况及时地进行汇总、分析、处理，以便对学生学习情况的了解更加客观、全面。教学视频的另一个明显优势，就是能够在经过一段时间的学习以后，方便学生对学到的知识进行复习与巩固。伴随评价技术的不断发展跟进，翻转课堂使得学生学习的相关环节具有足够的实证性资料支撑，这对于教师真正意义上的了解学生是非常有帮助的。

二、体育翻转课堂的实施策略

（一）做好在线虚拟教学平台的建设

在线虚拟教学平台搭建的主要目的在于为翻转课堂的实施创造前提和基础，这一平台主要包括教学内容上传模块、师生交流与答疑模块、在线测试与评价模块、学习跟踪与监控模块以及学习总结与成果展示模块等。体育可以将与高校体育教学相关的微视频、PPt、各种音频等教学材料上传到在线虚拟教学平台，还可以借助这一平台实现作业发布、在线测验、监控督促、在线交流、在线评价等教学环节；学生则可以通过这一平台进行学习材料下载或在线学习，并同体育教师实现及时的交流与沟通。

（二）注重评价机制的创新

翻转课堂教学模式下的高校体育教学评价不能局限于传统的笔试，评价内容、评价主体、评价标准和评价方法等都应区别于传统教学，否则，翻转课堂的实施就会流于形式。翻转课堂模式下的高校体育教学评价应该把"以评促学""以评促教"作为主要目的，并将学生的进步程度作为评价的主要指标并注重多元化评价的采用，只有这样，评价才能既有针对性又不失全面性。多元化评价主要表现在评价主体、评价内容、评价方法、评价阶段等方面，紧紧围绕促进学生的学和教师的教两个方面，最终将提高教学实效性作为评价主旨。

（三）注重提高体育教师的综合素养

无论何种教育教学改革，教师始终是改革成败的核心与关键。作为信息化社会的产物，翻转课堂不仅仅是一种先进的教学理念，还是一种先进的教学方法，它对体育教师的综合素养提出了较高的要求。体育教师既是在线虚拟教学平台的搭建者、设计者和使用者，又是教学视频等学习资源的开发者和上传者；既是学生学习与实践的组织者、引导者，又是学生学习成果评价的设计者和评价者；既是学生在线学习情况的监控者和督促者，又是教学设计的完善者。

（四）追求体育课堂实效，避免翻转课堂异化

翻转课堂作为一个新生事物，虽然它顺应了信息化社会的时代背景，但还没有形成公认的科学实施模式，各个学科对翻转课堂的研究成果较为丰富，但各类研究也存在很多的不足，综合起来主要表现在以下几个方面：

1. 要避免弱化体育教师的作用而过度强调以学生为中心的情况

翻转课堂模式下，体育教师虽然把课堂讲解与示范的时间让给了学生，但并不代表教师的作用被弱化了。事实上，体育教师的作用变得更加关键，而不是被弱化。课前教学视频的录制和搜集、教学资料的优化与整合、在线虚拟教学平台的建设与管理，课中体育教师的讲解与示范、学生活动的设计与组织，课后学生学习结果的考核与评价、教学方案的优化与修订等，每一项工作都离不开教师的付出。如果过度弱化体育教师的作用，学生的学习就会失去系统性和效能，高校体育教学最终难逃沦为"放羊式"的结果。

2. 要避免忽视学生课前学习的跟踪和监测而高估学生的自主性的情况

对于翻转课堂教学模式而言，"掌握学习"是其建构的重要基础。翻转课堂的有效实施离不开学生的学习自主性。作为现实社会中的复杂存在，学生在课堂教学开始之前的在线学习中，并不是每一次都能够针对高校体育教学内容进行有效的、自觉的学习。因此，教师有必要对学生进行适当的检测与跟踪，它不仅仅能够对学生的技能学习和知识学习的完成起到督促作用，还能够有效培养学生的自主学习能力。

3. 要避免忽视学科的差异而一味借鉴其他学科的经验的情况

现阶段，对翻转课堂教学模式的相关理论研究成果与实践研究成绩，主要是基于其他学科。在体育学科理论等方面的研究还并不十分成熟，在对高校体育教学中翻转课堂教学模式的应用进行研究的时候，不可避免地要借鉴其他学科的实践经验。但是，学科与学科之间的差异是肯定存在的，在其他学科领域比较适用的理论和经验，在体育学科中不一定能够适合使用。因此，在翻转课堂教学模式进行具体实施的时候，我们应该把握好体育学科的本质特点，应该有选择地吸收、借鉴其他学科的理论与经验，避免发生生搬硬套的情况。

4. 要避免偏离翻转课堂的本质而过度追求形式的情况

实施翻转课堂教学模式的主要目标是在一定程度上提升高校体育教学的时效性，这一点是毫无疑问的。高校体育教学的存在离不开价值的支持与丰富，体育教学的一种至高境界是对于既正当又有效的高校体育教学进行贯彻，如果过分追求形式而对高校体育教学的效果不够重视的话，那么即便是翻转课堂的教学模式得以实施，也不存在任何意义。

在高校体育教学改革深入发展的特殊阶段，在广大体育教师积极投身高校体育教学改革的今天，我们依然应该谨慎地对翻转课堂教学模式的缺陷与优势进行审视，尤其是要避免偏离翻转课堂的本质而过度追求形式的情况。

三、翻转课堂在高校体育教学中的应用

（一）高校体育教学中实施翻转课堂的价值探析

当前，翻转课堂在我国的兴起已经成为不争的事实，但对于翻转课堂的价值进行深入探讨似乎还未引起理论层面的重视。为了更好地应用和推广翻转课堂，下面对其在高校体育教学中的核心价值予以探讨。

1. 翻转课堂使高校体育教学与信息技术的有机结合得以实现

在信息化社会的今天，学生的生活方式和学习方式发生了深刻的变化，借助手机、电脑等信息化平台进行学习和交流已经成为日常，为适应学生在行为和习惯上的变化，教学信息化在所难免。

翻转课堂作为信息化社会的产物，使教学与信息技术之间有机结合，高度迎合了学

生的日常习惯，改变了传统课堂呆板的模式，使学生的学习变得更加自然和有趣。体育教师通过上传视频、三维动画、PPT等丰富而直观的教学材料，设置系统有序的学习导航，加上教师对学生客观而有趣的在线评价和在线交流，一个有益于学生身心发展的教学环境被创建出来，这不仅有效增进了师生之间的情感，更提高了学生的学习兴趣和自主性，也为体育教师有效组织课堂教学活动奠定了基础，这对提高高校体育教学的实效性是非常有利的。

2. 翻转课堂有助于实现高校体育教学的精讲多练

学生课中学习和练习的时间总量是一定的，新知识、新技能的学习耗时过多，学生从事体育练习的时间势必减少，体育课的健身性以及学生对知识、技能的掌握和内化就会大打折扣，因此，精讲多练符合体育课堂教学的要求。在翻转课堂模式下，课前，学生通过观看教学视频，对高校体育教学内容有了初步认知，对体育学习中的难点深有感受，在遇到无法解决的问题时，学生可以通过在线交流平台及时反映给体育教师，这样教师就会对学生的课前学习情况有所把握；课中，体育教师依据学生所反映的问题进行针对性极强的讲解或个别指导，不需要每个问题都讲解，这样就省去了很多讲解的时间，学生在课中进行体育实践的时间就被延长，自然能达到精讲多练的目的。

3. 翻转课堂使高校体育教学要素的优化组合得以实现

从高校体育教学要素的层面来讲，翻转课堂同传统的高校体育教学模式之间存在的区别并不是很明显。翻转课堂主要是利用科学合理地重构高校体育教学要素来使高校体育教学的效能实现增值。我们之所以将翻转课堂判定为一种革命性的高校体育教学方式创新，主要是由于此种教学模式在对高校体育教学要素的各种功能进行准确定位的情况下，体育教师与学生的主体性地位得到了转换，使体育课程的资源得到拓展，促进了高校体育教学目的、高校体育教学方法手段与反馈机制的合理调整，对学生体育学习的良好环境进行创设，进而从质的层面改变了高校体育教学的形态与结果。同时，需要注意的是，翻转讲堂在组合高校体育教学要素的问题上并不是固定不变的，而是动态的，不是呆板的，而是灵活的。在高校体育教学的实践活动中，按照实际的需要，体育教师对于各教学要素间的组合关系可以随时进行调整以保证特定高校体育教学目的的实现。只有对于这一点有充分认识，才能够保证我们能够将翻转课堂作为固定范式进行看待，进而避免高校体育教学中应用翻转课堂流于形式的情况。

4.翻转课堂能够促进高校体育教学中素质教育的实施

素质教育的主要目的是全面提高受教育者的综合素质，而值得注意的是，综合素质的提升离不开人的全面发展，同时，也不能忽视对于学生个性的培养。学生个性的完善，不仅仅是素质教育开展的价值理念，也是素质教育的目标理念，培养个性、促进人的全面发展是素质教育的真谛。

在应用翻转课堂教学模式的过程中，学生的学习目标是统一的，同时，按照学生的具体实际，体育教师可以制定学生的个体目标。通过对在线高校体育教学视频的观看，可以保证学生自主学习的实现，按照学生的学习能力来确定高校体育教学视频的观看次数，而按照学生的学习基础来由学生自主选择观看的内容；从反馈问题的层面来讲，通过在线交流平台，学生能够随时向教师反映学习中遇到的问题，同时，获得教师的及时指导；从学习评价的层面来讲，体育教师对于学生进行评价的根据是学生的进步程度，同时将小组评价和个人评价融入最终评价结果之中，这种评价模式有助于让学生明确在学习过程中的优点和不足，并时刻感受自己在不断提高。可见，翻转课堂这种个性化的教学模式对于学生端正学习态度、激发学习兴趣、提高沟通能力、培养正确的价值观以及促进学生的全面发展都是有益的。

（二）将翻转课堂引入高校体育教学的全新高校体育教学模式

我们常说的高校体育教学模式主要是指在一定高校体育教学理念、高校体育教学思想的引导与高校体育教学理论的指导下，建立的各种各样的高校体育教学活动的基本框架或者基本结构，一般来讲，高校体育教学模式主要包含了多种要素，即高校体育教学理论依据、高校体育教学原则、高校体育教学程序与学习程序、教学资源与实现条件，以及高校体育教学效果评价，等等。将翻转课堂引入高校体育教学的全新高校体育教学模式具体包含以下几个方面的内容：

1. 高校体育教学的理论依据

高校体育教学中应用翻转课堂的教学模式主要的思想基础是"先学后教"，强调高校体育教学活动中学生的教学参与与学生的主体性。从高校体育教学的特征与行为心理学原理出发，特别是对斯金纳操作性条件反射的训练心理学进行考虑，对高校体育教学的程序进行确定，具体是：利用视频学习→对于联系吸收理解→再通过视频回顾→互动反馈→强化实践→学习、掌握，并且在这样循环、反复的高校体育教学过程中，对于行为目标进行有效塑造；同时，按照学习的过程与教学的实际效果、学习主体对体育"教"与"学"的活动过程进行不断完善与创新，促进高校体育教学目标与学习目标的实现。

2. 高校体育教学的目标与原则

高校阶段的体育教学的目标，主要是对中小学阶段体育教学目标进行巩固与提高，即体育锻炼的思想、体育能力与体育习惯，对于学生科学、积极、主动参与体育锻炼的行为进行引导与教育，对于现代体育科学中的基础知识、基本技术和技能、方法进行扎根；使学生体育锻炼的参与意识得到强化，使其体育文化素养得到提高。

为了能够保证高校体育教学目标的顺利实现，对于将翻转课堂引入高校体育教学的全新高校体育教学模式而言，教学原则是体育教师应该遵照学生的认知水平与心理发展特征，加工整理高校体育教学内容，使高校体育教学设计、制作通俗易懂，同时还能够紧密地联系自身已经掌握的认知结构，同时，选择优质的、适宜的高校体育教学视频；构建一个宽松的、民主的、轻松的交互式学习社区或网络教学平台及时掌握学习反馈信息，并能够有效地发现问题、解决问题；在对总体学习情况进行把握的条件下，对于个体学习发展的过程给予重视，将高校体育教学过程中与学习过程中学生的主体性作用充分发挥出来，尽可能地使学生自己发展，自己分析和解决存在的问题，同时对于自我认识、能力与技能进行深化、拓展。

3. 高校体育教学程序与学习程序

将翻转课堂引入高校体育教学的全新教学模式，其主要基础是优质的交互学习社区与视频资源，因此，可以将高校体育教学程序与学习程序进行如下的设计：对于高校体育教学内容进行预习→对于高校体育教学视频有针对性地进行观看，再进行示范、讲解→使学生的学习动机得到激发，对学习过程中的问题进行发现→在课堂教学中由教师对新课进行讲授，对于学生的疑惑进行解答，并进行示范→由学生自主进行练习与实践，对体育学习效果进行巩固→对体育学习效果进行反馈，由教师、学生进行评价→通过资源拓展完善、知识和技能结构的扩展，以及反复练习实践对理解与训练效果进行加强。

4. 高校体育教学的实现条件和教学资源

近年来，慕课教学平台的快速发展与互联网的广泛普及，为高校教学创造了良好的条件，且有利于高校体育教学模式中的翻转课堂实施。然而，对于现代高校体育教学来讲，我国的高校体育教学相关视频与学习资料还是相对较少的，所以，我国的体育教师应该从体育课程与教学内容出发，自行制作与设计教学资源。高校体育教学内容主要有理论教学内容与动作讲解、演示的视频，保证体育练习活动的理解性与课余训练活动的实践性。既要有动作示范的要领分析，又要有训练实践的摄像记录视频。此外，还要有拓展性的教学资源和学习资源，以及专题性的研讨问题等。不仅如此，体育教师在组织学生观看教学视频、开展练习活动和训练活动的同时，还要保证在交互社区能够及时对学生的疑惑进行解答、讨论与指导。

5. 高校体育教学效果与评价

将翻转课堂引入高校体育教学的全新高校体育教学模式，能够使学生体育学习的兴趣得到激发，使学生自主发现、学习、探索、分析、解决问题的综合能力得到培养，同时促进学生技术和技能的提升，还能够有效促进学生自主学习能力、社会发展适应能力、互相合作能力的发展与培养，体育教师应该通过交流与活动对学生的学习情况与进度进行实时了解，还要及时掌握反馈信息，同时再从所获的情况出发，适当地进行引导，对于学生的学习积极性进行鼓励并充分调动，在高校体育教学与讲解活动开展的过程中，针对不同的学生因材施教。将翻转课堂应用在高校体育教学中的相关活动适宜于小班教学，在大班教学中一般很难实施。而对于学生的评价而言，需要注意的是，它同其他文化课程是不同的，在对其学习好坏进行衡量的时候，不能单纯地将考试成绩作为标准。在高校体育教学中，应该始终坚持"健康第一"的指导思想，同时，还要在体育考试的各个环节中渗透"健康"的标准，对于标准化的项目应该适当地减少技能考试，同时，还要有效改进高校体育教学的评价标准，尽可能地避免学生由于害怕考试而出现体育厌学心理与逆反心理，此外，应该积极地引导学生，使他们加强对高校体育教学的相关认识，体育锻炼习惯。除此之外，教师还要积极构建同高校体育教学目标相适应的人性化的测试方法。

第五节　线上线下混合教学模式

在计算机网络技术的日益普及和互联网信息化的推动下，线上线下混合教学模式成了当前教育领域的"新宠儿"。体育课凭借该教学模式可以实现"运动参与""运动技能""身体健康""心理健康""社会适应"几大目标。线上线下混合教学模式通过将网络信息化教学模式与传统教学模式的"双向优势"相结合，既可发挥任课教师在教学过程中的主导作用，又可充分体现学生在学习过程中的主体地位。混合教学模式不是网络信息化教学和传统教学方式的"合二为一"。广义上的混合教学模式指的是两种及以上教学模式的混合。例如，"讲授模式"与"讨论模式"，"案例模式"与"线上模式"，抑或者"研究模式""翻转模式"与"MOOC模式"以及多种教学策略和方案的渗透式融合。混合教学模式是"传统课堂教学"与"线上信息网络化教学"的相互混合与补充，其目的是让教学达到更优的效果。社会的不断发展推动了教育的不断进步，未来教育模式会持续更新换代，更多的教学模式也会被相互混合起来加以运用。

一、线上线下混合教学模式的体育教学特征

线上线下混合教学模式的应用一般是体育教师将项目内容的资源上传到网络教学平台，学生自主通过线上平台进行预习，之后在线下教学时，学生与教师进行有针对性的交流。线上线下互动教学模式的互动性，主要体现在教师与学生之间的交互关系上。

在线上线下混合教学模式中，体育教师在课前充分利用网络平台上的相关资源，将"音频讲解""视频演示"及"课件文档"等学习资料共享到网络教学平台上，学生可以通过手机App软件、电脑播放软件等工具，对上传内容进行反复观看与学习。线上线下混合教学模式既可激发学生学习的"主动性"和"思维创新"，也可鼓励学生将学习中遇到的"难

点""疑点"等问题直接在线上进行讨论与研究。学生可以"集思广益",教师可以引导他们进行"思维模式"的创新,从而共同解决遇到的问题。

在线下教学中,学生将问题和思考与教师进行"对话式"讨论与学习,学生与教师在相互间的"问与答"的过程中能获得"教学相长"的极大益处。课后,学生可以将自己的学习心得及体会分享到网络教学平台,借助教师和其他同学的反馈意见,不断改进自身的学习方式,谋求更高效的学习质量。线上线下混合模式的教学相比于传统课堂的教学模式,学生参与学习与互动的积极性能得到明显的提升。

二、线上线下混合教学模式在体育教学运用中的作用

计算机技术的开发运用以及互联网终端平台使用的普及,使得信息网络化成为时代发展的"必备工具"。线上体育教学应力争实现现代教育信息技术的"多方位交互"。掌握互联网技术是时代发展的必备"通行证",高校体育教学利用互联网技术促进教学工作是必不可少的手段。

高校体育教学中灵活地融入互联网信息技术,不但有利于丰富体育课程的知识,而且有利于提升学生对体育课堂的兴趣,从而使"混合教学模式"形成良好、持久的发展态势。线上线下的教学模式给"任何地点、任何时间"不间断的学习赋予了新的形式。线上线下混合的体育教学模式,既可为学生提供更多的学习项目选择,也可以满足学生在不同阶段及时期的个体学习需求。一般来说,高校体育教学中的理论知识难度较大,如果学生对于体育理论知识的学习意识较为浅薄,就无法有效地把握其核心内容。

因此,体育教师须结合高校体育教学的实际情况,灵活采取线上线下相结合的教学模式,"由浅入深"地向学生编制及推送体育理论方面的教学内容。体育教师向学生推送的体育理论教学内容,应做到"图文并茂"及"解说分明",这样不但可以加强学生对体育理论知识的理解,而且可以深度激发学生对体育理论知识的学习兴趣。体育在线课程的实施不仅改变了传统的体育教学模式,对培养学生形成终身体育的理念、提升学生的体质健康水平也具有重要的作用和意义。

三、线上线下混合教学模式在高校体育教学中运用的问题

（一）线上线下混合教学模式重视度不足

高校体育课程设置及教学发展至今，其受重视的程度仍然不足，究其原因，很大层面上是深受传统体育教学理念的影响。教师通常认为，线下体育教学的主要目的是提升学生的"体魄强健度"，如果在线上进行体育教学，则无法起到应有的作用。甚至部分体育教师对线上教学的重视度存在不足，这就导致线上体育教学优势无法得到有效的发挥，从而直接影响线上线下混合教学模式效果的良好体现。

尽管部分高校在授课时逐渐将线上线下混合的教学模式引入到体育教学中来，但是，绝大部分体育教师对线上教学的呈现方式过于表面化，既没有结合实际情况为学生制定相应的教学内容，也没有配置符合教学要求的设备设施。这就导致学生在进行线上学习时，无法顺利地掌握体育知识及运动技能等，而这些问题的出现，在很大程度上是由于学校领导层不够重视线上线下混合教学模式。

（二）线上线下混合教学模式的机制健全性不足

从当前的高校体育教学情况来看，线上线下混合教学模式的机制建设不够健全。混合教学模式的机制建设如果存在匮乏性，必然会降低教学效果，这不仅会使统筹的教学资源被无效率地大量"挥霍"，也极容易造成人力及资金等方面的"铺张浪费"，最终造成学校名誉及资金方面的巨大损失。

线上线下混合教学模式机制建设的不完善，同样会导致教师在制订教学计划及实施方案时缺乏有效的依据，这样会造成教师的教学方式与混合模式教学目标出现不确定性，并最终无法起到应有的教育效果和育人功能。此外，从当前的高校体育教学情况来看，绝大部分体育教师仅仅是将教材的内容简易地制作成单一性的 PPT，在线上教学平台推送给学生，这种做法不利于混合模式教学层面的有效创新。

（三）线上线下混合教学模式的体系完善性不够

在线上线下混合教学模式的实践过程中，体育教师需要保证教学效果和教学质量，这样才能促进教学的顺利开展。因此，线上线下混合教学模式有效结合和优化运用，才能充分发挥混合教学模式的作用。目前线上线下混合教学模式的作用及功能发挥的效果并不明显，导致混合教学模式成效较差。主要原因是线上线下融合教学模式体系建设得不完善，两种教学模式的有效衔接性较为单薄。

虽说是线上线下混合教学模式，但却各自保持着独立的教学状态，二者未能以"协同发展"的"共进方式"来促进体育教学工作的顺利开展。例如，特殊时期的教学背景下，一些体育教师在网课的教学设计中"只言其表，不语其深"，即体育教师对运动项目的难度动作及转变细节等讲解甚少。这种"蜻蜓点水"式的教学行为，难以让学生正确掌握应有的运动技巧。抑或者，体育教师没有结合线下教学实际要求来科学合理地设计线上的教学内容，从而导致线上线下体育教学的效率无法得到"可视化"的提升。

四、线上线下混合教学模式的体育教学实施过程

（一）线上线下混合教学模式的课前准备阶段

课前的线上学习阶段，体育教师应根据课程的教学计划，利用计算机的编辑软件有序地将学习资料整理、编排完整并及时上传到班级学习交流群。体育教师课前准备的教学资料要翔实且准确，应包括"文字注解""图片标示""音频讲解"及"视频演示"等内容。课前学生应该根据体育教师推送的教学资料，利用手机、电脑等硬件设备进行"先导式"的自主学习。学生在学习过程中可以重复观看教学资料，并将难以理解或不够明白的问题总结出来，与教师进行有效交流。学生在准备阶段进行"先导式"自主学习，可以对整个教学过程起到非常好的助推作用。

体育教师利用课前时间准备好翔实且准确的教学资料，并及时地推送给学生，不仅能节省课上讲解的时间，而且也能让学生提前了解和思考课堂上需要学习的内容。这种模式能促进学生主动学习能力的提升，也能培养学生独立思考和探索问题的思维能力，从而提高学生的学习效率。

（二）线上线下混合教学模式的课中学习阶段

课中，体育教师可以根据学生课前预先学习的实际情况有针对性地进行讲解，目的是提高课堂教学效率。同时，体育教师须与学生进行深入交流，探讨如何解决学生在课前预习中遇到的问题，以便于学生巩固所学的知识及技能。课中的教学，主要是以学生的运动技术练习为主，并强调体育知识的"内在消化"。

学生在体育教师的引导下，分组进行讨论式的学习，教师可以指引小组与小组之间进行项目内容的竞赛。这不仅可以充分调动学生对体育学习的兴趣，而且能有效提高学生对体育运动技能的掌握水平。体育教师引导学生主动交流和学习，不仅能促进师生间感情的提升，而且能提高学生对体育学习的积极性，培养学生分析问题及解决问题的能力，同时也能优化体育教师对课堂教学的管理和指导等综合能力。

（三）线上线下混合教学模式的课后巩固阶段

课后阶段，体育教师可以利用空余时间通过信息交流群继续与学生进行互动与交流，更进一步地协助学生解决学习过程遇到的困难。体育教师根据学生的信息反馈，不断完善和丰富教学资料，并及时改进自身的教学方法和策略。

课后阶段，学生可以利用网络信息平台与体育教师进行线上交流与讨论，促进体育知识与运动技能的内化，同时还可以把自己的动作练习视频分享给其他同学观看，以此来展示自身的学习效果。学生可以利用课后时间不断强化课上的练习内容，并及时对教师的教学效果进行反馈和评价。体育教师则可以利用学生的反馈与评价等信息，及时发现自身在教学中的不足，从而有效地调整教学方式与策略，并最终切合实际地改进线上与线下混合的教学方法。

五、线上线下混合模式教学过程中应注意的问题

（一）培养体育教师的信息化能力

信息化实操能力的提升尤为重要，原因在于这是体育教师实行线上线下混合模式教学的必要条件。

首先，体育教师自身要从思想上提高对信息化实操能力的重视，要明确在未来的体育教学中，信息化实操能力不仅可以向学生传授体育技能，而且可以让学生在新的体育教学中提高"团结协作"及"适应社会"等综合能力。

其次，体育教师要从技术层面上不断提高自身的信息化运用水平。体育教师要积极学习信息化的教学技术，同时要善于向其他学科的优秀教师"取经学习"。体育教师持久地借鉴其他学科先进信息化技术的目的就是不断提高自身的信息化教学能力，从而有效地推进高校体育信息化教学的长期发展。

（二）建立体育教师信息化教学的鼓励政策

全面实现高校体育课线上线下混合教学模式是一个漫长的"探索旅途"。在这个实践过程中，体育教师需要不断提升自身的信息化教学能力，还需要学校管理层的大力支持。因此，学校应针对体育教师出台相应的奖励机制。例如，"绩效考核"上的加分、"科研基金"上的支持以及"职称评审"上的优先等。学校可通过奖励政策不断激发体育教师对信息化教学技术学习的热情，从而有效地推进体育信息化教学的持久开展。

（三）引导学生积极参与线上线下混合模式的体育教学

传统的体育教学模式已经深刻影响了学生学习体育的习惯。因此体育教师需要通过多种方式，科学地引导学生改变体育学习方法。体育教师要鼓励学生课前运用网络信息资料进行线上的"先导式"预习；在课中积极地与体育教师进行交流；在课后及时地进行线上反馈，并乐于分享自身的学习成果。体育教师要让学生真正了解线上线下混合教学模式的优点及创新之处，并积极引导学生主动地参与到这个模式中来。

六、线上线下混合教学模式在高校体育教学中的运用策略

（一）提升体育教师和学生正确运用互联网的意识

将互联网技术引入高校体育教学之中，有利于促进体育教师创新教学模式。互联网技术的操作存在多样性，哪怕师生对该技术性操作较为熟悉，但是在具体的运用过程中仍然

存在不可忽视的问题。教师或学生往往会因为操作不当产生难以控制的负面影响。因此，高校体育课在进行线上教学时要加强对互联网技术运用的正确认知，体育教师和学生要充分意识到互联网信息教育的正面性和有效性，从而有效提升师生参与线上线下混合模式教学的主动性，不断优化线上线下的体育教学效果。提升师生对互联网的正确运用意识，需要学校管理层加大对师生意识的宣传和把关，加强对线上体育教学工作的重视，科学投入互联网运用技术硬件、软件的设备设施，大力支持线上线下混合模式的体育教学工作，提升体育教师的教学效率，从而促进混合模式的体育课程能够更好地为学生服务。

（二）提升体育教师掌握互联网技术应用的能力

体育线上线下混合模式的教学主体是授课教师，其对教学的时效性具有不可忽视的作用。体育教师掌握科学的信息授课模式是混合式教学开展的必备条件，同时体育教师也肩负着"育人"责任。

信息技术的发展以及教育教学方式的更新换代对体育教师的教学要求也越来越高。在互联网信息技术运用于教学的冲击之下，体育教师既要具备专业的体育理论知识和高超的运动技能，还要紧跟时代发展的步伐，熟练地掌握和应用互联网技术。体育教师只有不断加强对体育教学的反思，敢于打破传统体育教学模式的"枷锁"，才能有效地促进自身对于体育教学的创新。因此，体育教师须不断提升自身对互联网技术的运用能力，为线上线下混合教学模式的体育教学奠定更坚实的"执教"基础。

（三）构建线上线下混合模式的体育教学平台

学校构建独立的线上体育教学平台的目的是保证混合体育教学模式的有效践行。学生通过体育教师的信息推送，及时进入体育教学平台了解体育教师的授课内容，通过线上体育教学平台的观摩学习提高学习效率。学生可以选择性地观看自己感兴趣的课程；学生可利用体育教学平台及时与体育教师或同学进行沟通，多方讨论参与体育锻炼的技巧；学生也可以针对体育教师设置的教学内容，勇敢地提出改善建议等。

教师通过体育教学平台的运用，可以科学消除体育学习时间及场地使用的限制。体育教师及时与学生进行线上互动与交流，可以有效保证体育教学平台的规范化使用。体育教师可利用线上线下混合模式的"教与答"与学生自主积极性的"学与问"形成良好的"化学效应"，从而提升学生的体育知识和技能认知能力。同时，体育教师须对学生的教学工作进行有力的监督，其目的是使教师的教学方式更有效。

（四）对高校体育教学的内容进行科学分类

体育教学的目的是引导学生参与体育活动及学习动作技能来提升个体的体育锻炼能力，并促使学生养成良好的体育运动习惯。然而，体育锻炼的内容并不都适合通过线上线下混合教学模式来实现。因此，为了能够更合理地开展线上线下混合模式的体育教学，体育教师需要对高校体育教学的内容进行科学分类。体育教师要明确能够采取线上教学的体育锻炼内容有哪些，而哪些体育锻炼内容必须采取线下教学，同时要做好线上线下混合教学模式的有效衔接。体育教师可通过与相关领域专家的多方讨论，结合适宜学生参与体育锻炼的内容进行分类归纳。

根据课程的特点，体育教师可将体育教学内容划分为三大类别，分别是"体育理论知识教学""体育技能实践教学"及"综合类体育教学"。其中体育理论知识教学又可划分为四个类别，分别是"体育文化知识""体育礼仪知识""运动理论知识"以及"体育赛制等级知识"。体育技能实践教学的内容，一般可划分为学生"身体素质锻炼"以及"运动专项技能学习"两个方面。这两方面的教学内容，体育教师需要长期对学生进形有针对性的指导及临场辅助其进行练习。体育综合类的教学内容相对来说较为灵活多样，一般情况下学生可以进行自主学习，不需要体育教师过多的引导和讲解。例如，常见的"运动恢复技巧"通用的"健身项目"以及"运动损伤防护知识"等内容。

基于以上论述，在体育理论知识层面以及学生自主学习的综合知识层面，体育教师都可以采用线上线下混合的教学模式。

（五）加强线上线下高校体育课的混合教学模式

信息时代的高速发展伴随着当代大学生的成长，学生的生活习惯及学习行为深受互联网信息技术的影响，因而学生对于网络技术的操作能力存在普遍性。学生利用网络平台所接触的知识面较为广泛，他们会比较清楚地知道自身到底需要什么样的知识内容。传统模式下以"教辅教材"为主的体育教学内容很难满足当前高校学生的个性化学习需求，体育教师必须科学地拓展教学内容，以便更好地吸引学生自主锻炼及提高其学习兴趣。

因此，线上线下混合教学模式的体育课程需要以学生的学习兴趣为出发点，培养学生成为课程主体的关键因素是教师与学生持久、良性的互动。现今流行的社交软件提供了众多的选择，体育教师可利用"微信视频号""抖音""今日头条"等软件规范化地导入教学内容。同时，体育教师可以利用自身的长处，结合课程内容，录制一些合理且有趣的"风格时尚"的教学画面推送给学生。例如，体育教师在教学网球运动项目的知识技能时，可针对线上课程内容拍摄一些具有互动性和愉悦性的网球运动微视频，通过录制微视频的方式对网球运动进行深入浅出的介绍，从而激发学生参与网球运动的兴趣。

体育教师在推送讲解网球运动项目时，可以将相关的比赛视频、网球明星社交信息等作为线上的体育教学素材，利用牵动人心的比赛视频及运动明星的粉丝效应，强化学生对网球运动的尝试感和认同感。此外，体育教师讲解网球运动过程中容易造成损伤的知识时，可利用动态演示画面来提升学生对网球运动损伤防护的了解和注意。

|第六章|

体育教学评价的创新

第一节　体育教学创新的评价机制的构建

体育教学评价是体育教学体系的一个重要内容，科学的体育教学评价能给予体育教学工作者以客观全面的体育教学反馈，有助于体育教学工作者充分了解体育教学过程实施与体育教学效果之间的内在联系。结合教学问题反馈、分析与解决，通过对体育教学过程中各教学要素的优化调整，能进一步促进体育教学过程的完善和体育教学效果的优化。

一、体育教学评价的概念与分类

（一）体育教学评价的概念

体育教学评价是体育教学系统的重要构成，是体育教学活动的重要组成部分之一，具有重要的地位和作用。

鉴于对体育教学评价的重要性的认识，国内外许多学者都重视对体育教学评价的研究，因此关于体育教学评价，有许多不同的概念描述。

在我国，对体育教学评价的概念研究的代表性学者及其概念论述有如下几种：① 教学评价是在一定价值观的指导下，用一定的技术和方法收集整个教育系统或某个侧面的信息，以教学目标为依据，对学生做出价值判断。② 体育教学评价是以学生体育教学为对象，对体育教学过程和体育教学成果给予价值上的判断。③ 体育教学评价是依据体育教学目标和体育教学原则，对体育的"教"与"学"的过程及其结果所进行的价值判断和量评工作。④ 体育教学评价是在教学活动开展过程中、开展后结合教育教学目标的设定，针对教学活动的开展情况、教学成效进行的评价。

综上所述，我们认为体育教学评价是一种价值判断，评价的对象包括两个方面，即教师的"教"与学生的"学"，体育教学评价既要重视对过程的评价，也重视对结果的评价。

（二）体育教学评价的分类

按照不同的分类标准，教学评价可分成不同的种类，具体分类参考表 6-1。

表 6-1　体育教学评价分类

分类标准	体育教学评价类型	
评价基准	绝对评价	判断是否能达到预期目标，不评价水平
	相对评价	判断个体在群体中所处的位置（成绩的优劣）
	个体评价	对个体的过去、现在或不同侧面作纵横比较
评价内容	过程评价	对达到教学目标的方法和手段进行评价
	结果评价	对教学活动实施后的效果进行评价
评价方法	定性评价	进行"质"的分析，作出定性描述
	定量评价	进行"量"的分析，作出定量结论的评价
评价功能	诊断性评价	在教学活动开展前进行，对学生情况进行摸底，判断学生是否具有可实现教学目标的条件
	形成性评价	教学过程中，为达到更好的效果而不断进行的评价
	总结性评价	教学活动结束后，教师从整体教学出发，对教学内容和效果进行评价
评价目的	选拔性评价	综合性选拔性评价
	甄别性评价	判断个体在群体中的位置和个体的特殊能力水平
	发展性评价	发现优点，有针对性的鼓励性评价
评价者	教师评价、学生评价、校领导评价、家长评价、学者评价等	

二、体育教学创新评价的特点

（一）动态性

体育教学的开放性、动态发展，决定了体育教学评价的动态性特征。

体育教学评价是针对体育教学的评价，体育教学过程是一个动态的过程，体育教学活动的开展受多种因素的影响。在体育教学中，教师、学生以及体育教学体系的各构成要素都时刻在发生各种各样的变化，充满了不确定性，因此，体育教学评价不能是一次性的、单一的、某一阶段的评价，必须随着体育教学的开展不断作出新的评价，可见这是一个关注师生发展、教学发展的动态评价。

（二）多元性

体育教学评价的多元性表现如下：

（1）评价主体的多元性

科学的体育教学评价主体应是多个而非一个。在传统的体育教学评价中，教师是学生体育学习的评价主体，教师一人执行学生的体育学习评价并作出最终结果评价。这种评价存在的弊端在于教师面对的学生众多，很难做到对每一个学生全面客观的了解，而且教师对所有学生在短时间内集中作出评价，工作量大，受到主观因素的影响容易产生工作倦怠，可能导致评价的不客观、不公正。现代体育教学中的科学教学评价要求评价主体多元化，从不同的角度和侧面对同一个人作出评价，以教师评价为主，重视教师评价和学生互评、自评的有机结合，以及其他评价主体的评价，这种多元性的评价更加客观、平等、公平、公正、全面。

（2）评价方法的多元性

新的教学思想和观点更加重视学生在体育教学中的主体地位，要求教师重视学生的发展，只有这样才能真正促进体育教学的改革与进步。因此，对于学生的评价应是多方面的，在体育教学评价中，应尽可能多地选用适合教学评价的方法，以对学生的体育学习的评价为例，不仅要重视对学生学习效果的评价，还要关注学生的学习过程、技能掌握情况、学习态度、体育意识、意志品质的养成等。总之，评价要做到全面，要涉及方方面面。评价者应熟悉和了解各种评价方法的适用情景、优势和缺点，以便于在体育教学评价中能灵活、准确地应用，使体育教学评价更加高效、合理。运用不同的教学评价方法能更好地反映学生在体育学习中的不同方面的学习过程、结果，以获得更多、更全面的学生学习信息。

（3）评价标准的多元性

多元化的评价标准能对学生的体育学习作出不同层次、不同级别的评价，以便于更加全面地掌握学生的体育学习信息，通过多个不同标准的评价描述，使评价结果更加精准。

（三）过程性

教学实践表明，单纯重视教学结果的评价并不能真正反映教师的教和学生的学的情况，针对评价对象的"教"或"学"的评价不应该只注重结果，要反映教师与学生的态度和自我教、学的进步。教学评价的过程性体现了体育教学评价的科学性，因此，应该关注评价对象的"教"或"学"的过程，这也是教学评价强调重视对教学过程评价的原因。

阶段性的、一次性的评价结果是整个学习过程的综合反映，但是很难完全客观地反映每一个学生在体育学习中的进步程度，不同的评价对象之间存在个体差异，可能导致结果性评价是一样的，体现出结果性评价的局限性。

体育教学评价，应关注学生在体育学习过程中的进步，促进每一个学生都有所发展的体育教学才是科学的体育教学，针对学生的体育教学评价应关注学生的学习过程。

（四）多样性

多样性的评价专指体育教学方法的多样性选择。对于体育教学来说，学生的学习态度、学习进度、学习成果等多个方面的表现，只使用一个教学评价方法不可能充分评价学生的表现与进步，为了评价更客观，应选用多种评价方法进行综合性、全方位的评价。

教学评价内容与方法的多样性是相互对应的，具体来说，针对不同的评价内容应选择相应的评价方法，如此才能做到使学生的体育学习全方位地呈现出来，使评价更全面，对学生的了解更全面、更深入。

在新时期的体育教学课程改革的大背景下，体育教学关注师生在体育教学中的共同发展与进步，针对学生、教师的评价更加要求评价的多样性，包括评价内容、评价方法、评价主体等各个方面，更多、更全的评价才有可能是更科学的评价，才能更加真切地反映学生的"学"、教师的"教"的真实情况。

（五）发展性

体育教学评价的发展性表现在以下三个方面：

第一，体育教学评价旨在促进学生、教师、体育教学的全面发展与进步。体育教学评价的发展性，就是指体育教学评价应重视对评价对象的发展进行评价，关注被评价者的进步性。传统体育教学忽视学生个人的体育发展需要，忽视学生的健康，教师只重视运动技能的传授，直接导致了体育教学的训练化，在教学评价中只重视学生技能的掌握，忽视学生的体育兴趣、态度、能力以及情感等方面的发展。新时期，"以人为本""健康第一"等新的体育教学思想和观念明确指出，体育教学的目的是培养符合社会发展需要的人才，体育教学的多元教育价值被越来越多的体育教学工作者所认识到，要求评价者应重视学生发展、教师发展，而非某一方面的发展。

第二，现代体育教学评价重视教学评价对象——学生和教师的长期发展，而不是某一次课、某一学期的教学中的发展，教学评价的长期发展性评价标准使得整个体育教学不过分注重某一阶段的师生发展不足，而更关注师生的长期可持续发展。

第三，教学评价方法、方式与内容、标准也处在不断发展与进步的过程中。教学评价本身的发展可以使针对不同对象的体育教学评价更加科学。

三、体育教学评价体系的构成与构建

（一）体育教学评价体系的构成

1.评价目的

体育教学评价体系是一个多对象、多因素的复杂系统，评价对象不同，目的不同。

评价目的是评价的依据，是评价的出发点。评价目的的分析与选择是构建科学体育教学评价体系的重要环节。在开始进行教学评价前，必须首先有一个准确、具体的目的。

2.评价对象

评价对象是体育教学评价体系的重要构成要素之一，没有评价对象的评价体系显然是不完整的。

从体育教学活动参与者的角度来讲，体育教学评价面向四个方面的评价。

"教"的方面：教师"教"的过程、"教"的结果。

"学"的方面：学生"学"的过程、"学"的结果。

通过对体育教学本质的分析，整个体育教学评价的对象可以结合教学主体——教师与学生及其活动——教与学，共同构成教学评价对象体系。

在体育教学评价体系中，对评价对象的确定受体育教学客观规律的制约。具体来说，体育教学评价智能选择体育教学活动中的一个或多个对象，绝对"全面"的评价是不可能的，教学评价不可能一次涉及多个方面。

3. 评价主体

所谓评价主体，是指参与评价、对评价对象进行评价并作出评价总结的人或机构。

在体育教学评价中，评价主体是多元化的，参与体育教学的主要活动者和体育教育教学工作者、研究者都可以成为评价主体，如教师、教学管理者、学者、管理人员、学生，有时家长也可作为评价主体对师生进行教学评价。

要成为体育教学评价主体，就必须具备体育教学评价的能力，了解教学评价的重要性与意义，做好评价信息收集工作，客观、全面地作出评价。

4. 评价内容

评价内容，也就是评价的指标体系。

在体育教学评价体系中，明确评价内容（指标体系）是一个非常重要的环节，也是评价者应重点研究的问题。就整个体育教学评价研究来看，教学评价内容也是当前完善体育教学评价体系迫切需要解决的问题。

任何一门学科的教学，包括体育教学，在各个时期都对教学所培养的人才有不同的要求，因此，教学评价内容也就必然反映时代发展要求和社会发展需要。

针对不同的评价目标可以选择不同的评价内容，并确定评价指标，如了解学生体能素质发展的各个生理指标检测；了解学生学习态度的出勤率、作业质量等。

5. 评价方法

体育教学评价方法包括教育评价和心理测量的所有方法，它具有层次性，可进行多角度分类并根据实际评价需要进行选择。评价方法是否合理将直接影响评价效果。

6. 评价管理

评价管理是评价系统的重要构成要素，但也是容易被忽视的要素，而实际上，评价管理将对整个评价操作产生重要影响，评价管理包括与评价有关的各种政策、条例和制度，对评价主体、评价过程具有思想教育和规范作用。

在体育教学评价体系中，要确保整个评价体系的完善，就必须明确、规范、有效地进行评价管理，这有助于充分调动各种评价因素，促进评价工作的顺利开展与实施。

宏观方面，现阶段，我国关于教育、教学评价的法规制度起步较晚，在很多方面还存在诸多问题，影响着体育教学的发展，需要不断完善。

（二）体育教学评价体系的构建

体育教学评价体系的构建是一个严谨、系统的过程，这里对体育教学评价体系构建的原则进行重点分析。

1.客观性原则

从宏观角度来说，体育教学评价应遵循客观理论和教学发展规律，任何内容与形式的体育教学评价体系都不能以个人的意志为标准来设置，而应在科学评价理论的指导下，结合我国体育教学的客观现状构建。

从评价主体角度来说，评价主体是人，人的思想和行为受到主观臆断或受个人感情的影响，所得出的结论或多或少都带有一定的主观意识，要尽量做到客观。

体育教学评价的客观性要求如下：① 评价标准客观，避免随意性。② 评价方法客观，避免偶然性。③ 评价态度客观，避免主观性。

2.科学性原则

进行教学评价都希望可以得到科学的评价，要实现科学评价，构建科学的教学评价体系是前提，教学评价体系的构建每一个过程和环节都应该做到科学合理。

构建科学体育教学评价体系，坚持科学性要求如下：① 以科学为依据，明确评价目标和标准。② 避免主观，评价方法、程序要科学。③ 教学评价包括教与学两个方面，这两个方面的评价必须做到有机结合与统一，并充分体现教学目标与基本要求，在此基础上展开评价。④ 教学评价方法应科学，评价者应掌握和灵活使用最新的、最能充分统计和概括评价结果的统计方法与测量手段，以获得真实有效的信息。⑤ 科学选用评价工具。

3. 全面性原则

构建体育教学评价体系应坚持全面性原则，教学评价应全面，否则就不能真实反映教学系统的整个过程与效果，这样的评价是没有意义的。因此，全面性原则是教学评价的非常重要的基本原则之一。

体育教学系统复杂，要做到整个体育教学评价体系的科学性与系统性，就要统筹兼顾各个方面，关注到评价体系各个要素的多元的、多样的、发展性、动态的，以及相互之间的关系，因此，构建体育教学评价必须要全面。

体育教学评价中遵循全面性原则要求如下：① 多角度评价。② 全方位评价。教学评价需要多元化的评价指标，以全面了解评价对象的信息。③ 评价明辨主次和轻重。④ 综合运用多种评价方法。多种类教学方法才能作出全面、正确的评价。

4. 可比性原则

从某种意义上说，教学评价过程也是一个比较的过程。体育教学评价体系的构建必须具备可比性，具体要求评价结束之后应有一个具体的结论。

构建体育教学评价，评价并非目的，通过评价发现差距和不足进而改进才是目的。评价体系构建应突出以下特点：① 关注评价的横向比较。② 关注评价的纵向比较。③ 通过比较发现问题，及时改进。

5. 导向性原则

体育教学评价体系要能够指导体育教学工作发展并能促进体育教学活动开展，推动教学发展。

新时期，学校体育教学不断发展，要求教学评价不仅是得出结论这么简单，重要的是发现教学中的问题和需要改进的地方，并提出科学化建议与对策，不断优化教学过程，提高教学质量和水平。

体育教学评价过程中，对具体效果和行为作出评价并改进是最基本的教学目的，但不能仅仅停留在就事论事方面，而应把评价和指导有机结合起来，为以后的教学完善提供启发、指导。

体育教学评价遵循指导性原则要求如下：① 在一定数量与体育教学评价相关的资料

的基础上进行评价，避免缺乏根据的随意评价。

②及时反馈教学评价信息，评价结果要准确，指导方向要明确。③评价结果应具有启发性，能为以后的教学活动开展、教学发展进步提供思考。

第二节　创新教育评价的功能与意义

一、创新教育评价的功能

功能是教育评价所固有的一种潜在的能量，它是教育评价系统结构本质的内化。教育评价的功能，只有在评价实践活动中才得以充分表现出来。因此，人们所能认识到的教育评价的功能，是其特质的外在表现形式。研究和实践表明，高等学校创新教育评价具有导向、激励、改进、鉴定和教育等几大功能。

（一）导向功能

目前，我国高等教育评价，不管是合格评价、选优评价，还是随机评价，从它的全过程来看都属于形成性评价。它不仅对评价客体起到了诊断、督促、激励的作用，使评价的主体和客体都获得了全面而广泛的信息，更重要的是如何利用各种信息改进工作。高等学校创新教育评价的导向功能是指高等学校教学评价对评价客体的工作目标以及所从事的教育教学工作的发展方向有很强的指导性、牵引性。即评什么、怎么评、什么是重点，将有力地引导评价客体在教育教学工作中朝什么方向发展、做什么、怎么做。高等学校创新教育评价的这种导向性可以使客体按照主体的意志（集中反映在教育方针和有关教育政策、规章和文件中）与要求去办学，使主体的意志为客体所认同，最终内化为客体的自觉行动。导向功能一般分为两大类型：一是强制性导向；二是激励性导向。强制性导向是指创新教育评价作为一种外在驱动力，强制地促使受评者采取预期态度和行为的一种功能形式。激励性导向是指激发内在动力，使受评者自觉自愿去采取预期的态度与行为的一种功能形式。在教育评价中，主体对客体本来就有很强的制约作用，当教育评价的主体是教育主管部门时，其强制作用更加显著。

　　由于从开始准备评价到正式接受评价有一个相当长的发展建设时间，而且评价之后，还有一个相当长的整改时间，所以，高等学校创新教育评价必须将强制性导向与激励导向结合起来，让受评学校认识到评价的意义，将强制性导向转化为激励性导向，充分发挥积极的导向功能。

　　（二）激励功能

　　激励功能主要指高等学校创新教育评价具有刺激人的主体意识、激发人的行为动机、调节人的积极性和创造性的功效。高等学校创新教育评价的激励包含两层含义：一是评价本身作为一种外部诱因所产生的激励作用；二是通过教育评价活动，使被评价者处于激奋状态。前者是一种必然状态，只要人们有教育评价的渴求，实施教育评价就会产生一定的激励作用。现实中行政性评估采取"评建结合、以评促建"的做法，便是借助学校师生有评价的需求（希望自身的工作、价值受人赞赏和被社会认可），对创建工作和迎评工作有较大的热情；后者则是一种使然状态，创新教育评价过程能否起到较好的激励作用，则有赖于评价者对激励规律的把握和有效发挥。现行教育评价活动中被评者存有消极防卫心理，便是教育评价工作反而挫伤了他们积极性的例证。现代创新教育评价要发挥很好的管理效用，就必须重视并追求评价所应有的激励功能。高等学校创新教育评价的激励功能分为自我激励功能和相互激励功能：自我激励功能是被评价对象在自我评价中产生的。相互激励功能是在同行评价或行政评价中产生的。在这里要强调的一点是，高等学校创新教育评价激励功能的发挥，不能仅依靠外界的驱动，更不能依赖于"行政专制"的管理手段，而是要通过目标导向和模范的榜样作用，促使评价客体产生一种内在的心理动力机制。因此，激励功能的产生需要一定的环境和条件，它是适应于具有较高思想觉悟和价值目标追求的教育群体，这个群体对教育工作具有强烈的事业心和责任感，把评价当成自我激励和自我奋进的手段。

（三）改进功能

高等学校创新教育评价的改进功能主要指的是评价过程中的信息反馈具有及时强化成绩与经验、调控教育目标、修正错误缺失、引导前进方向的功效。在评价活动中，例如利用创新教育教学活动过程和结果的信息反馈，可以全面、客观地总结创新教育教学成绩，挖掘经验和典型，可以分析和诊断问题，找出其症结所在，并研究解决问题的办法。这一客观过程，使成绩和经验及时强化，使错误缺失及时调控和矫正，使教育系统中各种要素得到适当调整而形成最佳结构，教育目标、教育方案、教育过程、教育管理等都不断得到改进、完善和提高，从而达到教育系统的整体优化，取得最优效果。

（四）鉴定功能

鉴定功能是教育评价系统结构本质的具体反映，它一般在教育评价实施定性、定量分析，得出评价结论时才充分表现出来。高等学校创新教育评价的鉴定功能分为选拔式鉴定功能和发展式鉴定功能。例如，在大学生创新素质的评价中，选拔式鉴定功能主要指依据创新教育的相对价值标准，按学生创新素质的优劣，确定每一个体在群体中的相对位置，从而"优中选优"，为较高层次的创新教育选拔合适的教育对象，以培养高素质的创新人才。这种具有选拔式鉴定功能的教育评价，是一种"效益型"评价，它注重创新教育的"效益原则"。发展式的鉴定功能是依据创新教育的绝对标准，按学生创新素质的发展水平，衡量和评鉴每一个体的目标到达度，将学生群体按不同的目标到达度分成不同的素质发展层次，然后创设适合于每一目标层次需要的创新教育，促使不同素质发展层次的学生都能享受相应水准的教育，按各自的基点向前发展。这种具有发展式鉴定功能的教育评价，是一种"公平型"评价，它注重创新教育的"公平原则"。

（五）教育功能

高等学校创新教育评价的教育功能具体表现在两个方面：一方面，表现在创新教育评价实施过程中的教育评价理论与方法的普及。教育评价是一项科学性极强的开创性工作，某一区域教育者的教育评价能力在一定程度上标志着其教育科学的发展水平。开展创新教育评价，就得进行创新教育评价理论的学习和研究，掌握创新教育评价的方法和技术。创新教育评价的准备、组织、实施过程，实际上也是向教育者宣传和普及教育评价科学知识的过程。评价课题的选定，评价方案的设计，评价组织的建设，评价信息的搜索、整理和计量，评价结果的解析，评价信息的反馈等，教育者都必须亲身经历全过程，这就使他们自然地在实践中获取了创新教育评价的科学知识，增强了创新教育评价能力，同时提高了创新教育水平。另一方面，表现在评价指标体系的客观要求与评价对象实际发展水平之间的矛盾。例如，在教师创新教学能力评价中，指标体系是评价的客观依据，它是关于教师创新教学素质发展目标的绝对标准，反映了社会发展对教师创新素质发展的客观要求。社会的客观要求与教师创新素质实际发展水平之间的矛盾，即是推动教师创新教学能力发展的动力，它将促使教师的创新素质的结构的变化并不断产生质的飞跃，逐步进入更高的素质结构层次，这实际上就是促进了教师创新素质的发展。

二、创新教育评价的意义

我们知道，创新教育评价是实施创新教育必不可少的环节，没有关于创新教育的评价就不可能有真正意义上的创新教育。自 20 世纪 90 年代提出创新教育以来，许多人预测创新教育将很快成为我国教育创新的一支主旋律，但现实的情况却不尽如人意。从全国的情况看，真正实施了创新教育并且成绩显著的学校并不多，大多数学校的创新教育仍停留在形式化、平庸化、浅层次的局面。有些学校虽然开展了一些创新教育的尝试，但是真正坚持下去的极少。通过对一些学校的调研和对有关创新教育个案的分析，创新教育评价的不完善是其根本原因之一。

高等学校的创新教育评价作为一个研究领域来说是绝对不可忽视的。不管是在理论的研究方面，还是在实践的探索方面意义都重大而深远。目前，高等学校创新教育评价研究的目标应放在这两个方面：一是提升高等学校创新教育评价研究的学术价值；二是设计一些有重大参考价值的高等学校创新教育评价方案，如高等学校创新工作评价方案、高等学校教师创新教学能力评价方案和大学生创造力测评等具有实际操作价值的高等学校创新教育评价方案。

第三节　对学生学习的评价

一、学生学习效果评价内容

新时代，体育教学重视学生的全面发展，除了对学生的体育知识、技能掌握的笔试和实操考核评价，还包括对学生的心理能力、社会性发展的评价。针对学生在体育学习过程中的评价，具体应结合体育教学目标，对学生的一些学习效果进行评价。

（一）体育知识

为了更全面地评价学生的学习效果，对学生达成多领域学习目标的情况进行评价，经常通过考试方法对学生的体育知识掌握情况进行评价，具体评价内容如下：

（1）学生对体育与健康的认识。

（2）学生对体育多元价值的认识。

（3）学生对体育知识的掌握和运用情况。

针对学生的体育知识掌握情况，可以通过口试和笔试两种方法进行教学评价，前者可以采用课堂提问或专题答辩的形式进行；后者通过考试答题进行，可以采用开卷和闭卷两种形式。

（二）体育技能

在我国高校体育不同的运动项目教学中，《体育教学大纲》对学生应该掌握和达到的技能标准有不同的要求，教师应结合《体育教学大纲》的具体要求对学生进行测评，具体测评方法如下：

1. 技术评定

根据学生完成技战术动作的质量进行评分。考核前按动作结构和配合过程，把所要进行考核的技术、战术分为若干个环节，根据各个环节完成情况予以评分。评分标准可采用十分制、百分制或等级制，最后转换为学生实际的分数。

2.达标测试

根据学生完成技术动作的速度、准确性，按一定的要求制定评分表进行测试。达标测试适用于某个技术动作、组合技术的考核，可单独采用，也可与技评相结合使用。

（三）体能素质

高校大学生的体能素质测评应结合学生的性别、年龄、从事专项特点的多方面进行综合考虑，测评应包括以下三方面的内容：

（1）学生一般身体素质发展的评价。具体可参考《国家学生体质健康标准》等有关锻炼评分标准。

（2）学生从事某项运动的专项身体素质发展的评价。

（3）学生素质全面发展的评价。

（四）心理素质

通过学生的心理素质发展情况，了解学生的体育学习效果和程度。具体评价内容如下：

（1）学生能否战胜自卑和胆怯心理，对体育学习充满自信。

（2）学生是否具备良好的意志品质，能不畏艰辛、坚持不懈。

（3）学生是否具备良好的心理调节能力。

（五）社会适应能力

（1）学生能否理解和尊重他人，具有竞争意识，又善于合作。

（2）学生是否具有责任感，如遵守规则、全力以赴、能与他人很好地交换意见。

（3）学生是否具有发现、分析、探索的能力，是否能认真分析失败的原因等。

（六）学习态度

（1）学生是否具有体育学习与参与的浓厚兴趣。

（2）学生能否坚持体育锻炼。

（3）学生能否全身心投入体育学习与体育锻炼。

（4）学生能否尊重教师、认真接受指导。

二、学生学习效果评价类型

（一）教师评价

教师对学生体育学习效果的评价包括课堂、学期、学年等评价形式，具体评价内容包括学生的学习表现、知识掌握、身体素质和运动能力提高、运动技能和技巧发展等。

（二）学生自评

学生自评具体是指学生对自身学习情况的一种综合性评价，有助于提高学生体育学习中的"自省"能力，有助于学生探索性的学习。

体育教学中，学生对自我体育学习情况的评价包括多方面的内容（学习目标，参与程度，体育意识、意志、精神等），评价过程中，可以由学校制定评价标准，也可以让学生自己确定评价标准（目标回顾、成绩对比、行为检点）。

结合体育学习的任务与目标，学生可以从体能、技能、体育参与、情感发展等方面对自我体育学习效果进行评价。

（三）学生互评

学生是体育教学的重要参与者，学生的体育学习离不开其他同伴的支持、帮助，因此，同学之间的体育学习评价也具有一定的参考价值。

具体来说，学生的体育学习需要个体努力，也需要其他学生的配合，如集体性体育项目技能的学习、战术实施等。学生之间的关系与师生关系不同，学生与学生接触的时间更多，彼此之间有更多的了解，因此，学生互评能为教师进一步完善体育教学提供更多角度与层面的信息参考。

学生在体育学习评价中由于对体育理论、技能理解具有一定的局限性，对学习目标认识的不足等问题，可能导致学生之间相互评价的片面、浅显和多情感性描述。因此，在学生的互评中，教师应给予科学的引导和指导，以更加客观、深入、全面地实现学生对同学的体育学习的评价。

第四节 对教师教学的评价

一、体育教师教学质量评价内容

在体育教学中，教学效果与教学任务的完成具有密切联系。针对体育教师的体育教学效果的评价，是对体育教师进行评价的最重要的一部分。针对体育教师教学质量的评价，应关注教师教学中的各教学要素的合理控制，具体如下。

（一）体育教学思想的贯彻落实

教育教学思想对教学实践具有重要的指导作用。在体育教学组织与实施过程中，体育教师一定要坚持最新的体育教学思想（"健康第一""以人为本""终身体育"），并在教学实践中落实，这是现代体育教学的基本要求，也是体育教师对自我体育教学进行评价的一个重要内容。

（二）体育教学课程标准的制定

体育教师在评价自我教学时，应专门针对自身的体育教学是否符合体育课程标准进行评价，具体评价如下：

（1）是否达成学习目标。

（2）是否符合课程标准的要求。

（3）是否全面完成教学任务。

（三）体育教学各要素的搭配与实现

1. 教学内容选用

（1）是否体现思想品德教育。

（2）是否与教学目标相符。

（3）是否体现最新的教学思想与理念。

（4）是否科学安排、全面落实。

2. 教学方法选用

（1）选择是否与教学目标、内容、特点相符。

（2）是否与学生的身心特点相符。

（3）是否有利于促进学生学习的开展与持续进行。

（4）对教师、学生是否具有启发性。

（5）是否有利于学生知识的掌握与技能的提高。

（6）是否有利于学生创新意识与能力的培养。

3. 教学手段选用

（1）是否有利于教学活动的生动、具体、直观。

（2）是否有助于提高教学效果、学习效率等。

4. 教学技能实施

（1）讲解是否准确、规范、简洁。

（2）专业术语和口语运用是否正确。

（3）示范动作是否正确、优美。

（4）是否能妥当处理教学意外。

（四）体育教学任务的完成情况

在体育教学中，教学效果与教学任务的完成具有密切联系，针对体育教师的体育教学效果评价，重点在于教师在体育教学中是否完成了以下工作内容：

（1）教师是否完成了教学任务。

（2）是否有利于调动学生的学习积极性与主动性。

（3）学生是否完成了学习任务。

（4）是否培养了学生的体育学习与锻炼习惯。

（5）是否培养了学生的良好品质与完善性格。

二、体育教师教学质量评价类型

（一）教师自评

在教师自评中，评价者和被评价者都是教师自己。体育教师的教学自我评价是一种自我认识、自我教育、自我提高的评价。

体育教师的自我评价的最大优势在于，体育教师作为课堂教学活动的直接组织和实施者，最清楚整个教学过程，因此能得到第一手的教学反馈资料，教学评价更加直接、快速。

在实际的体育教学评价工作中，体育教师对自身体育课堂教学情况的评价是多方面的，不仅包括每次教学课的评价，还包括各季度、各学期的体育教学评价，持续的教学自我评价有助于教师的自我成长。

体育教师的教学质量自评的科学化实施要求如下：① 教师应具有良好的自省能力，能通过评价发现问题，并进行有针对性的教学反思。② 教师自评的教学跨度是较大的，从每次教学课的评价开始，坚持定期和不定期的阶段评价与反省，不断完善教学技能、技巧。③ 针对一次课的评价，体育教师的自评主要集中在教学能力和教学效果方面。

（二）教师互评

教师互评，评价者和被评价者的身份都是体育教师，彼此是同行关系。体育教师的教学互评主要是通过参与听课来实现的，评价是在听课过程中和结束后随堂提交评价结果。

教师互评与教师自评的具体内容基本相似，只是评价主体不同，教师之间的互评能有效做到教学评价的专业性，因为一线教师对体育教学的需求、要求更加熟悉，教师的互评还有助于同行之间相互学习，共同促进。但是需要特别指出的是，由于评价者与被评价者彼此是同行、同事，因此，评价结果难免会掺杂一定的感情成分，教学评价难以做到绝对客观。

为避免主观情感因素的干扰，体育教师互评要求如下：

（1）从教学具体环节入手，定性评价与定量评价相结合。

（2）用公认的等级和分数进行评价，力求客观、准确。

（3）采用"公开课"或"评议课"的形式进行。

（4）评价者应熟悉体育教学业务，了解教学发展、改革新形势。

（5）教师自评与教师互评结合进行。

（三）学生评价

在学生评价中，评价者是学生，被评价者是体育教师。

在体育教学的双边教学活动中，学生是非常重要的一边。学生对体育教师的教学情况最有发言权，因此，让学生作为评价者是非常重要的一种体育教学评价方式，而且评价意义重大。

学生对体育教师的教学进行评价，能给予体育教师最直接的教学反馈。对于教师改进教学过程与效果具有非常重要的促进作用，有助于师生和谐关系的建立，并有助于教师充分了解学生学习中存在的各种问题，以便及时改进。

体育教师教学质量的学生评价具体实施方法如下：

（1）座谈法。

（2）教师随堂或在课后询问学生的感受。

（3）调查问卷。

（4）《体育教学质量评价表》。

（四）领导评价

在领导评价中，评价者是学校领导，主要包括主管体育教学的相关领导，也可以是其他校领导。

在体育教学质量的评价类型中，领导评价是一种重要形式，它属于实质性的评价，对体育教师的职业地位、声誉、收入等具有直接影响，因此，评价者和被评价者都比较重视。

对比分析来看，相对于教师自评和教师互评，领导评价具有一定的缺陷，具体表现在，一些领导并非体育专业教师，对体育教学的需求、要求、标准等并不十分了解，教师在课堂教学中的一些特殊安排可能被误解或者不被注意，因此，领导评价缺乏教学评价的体育专业和专项性，可能造成对教学质量的误判。

针对体育教学的领导评价，为了做到体育教学评价的客观与公正，通常要求领导评价仅作为参考，结合多个教学评价主体和评价类型进行综合评价。

（五）学者评价

学者评价中的学者，主要指从事体育专业研究方面的学者和教育教学研究方面的学者。体育教学评价中，学者评价能更好地从专业角度对教师的体育教学活动开展情况进行评价，尤其是针对教学中某一个环节和片段的质量与效果能更有针对性地分析，但是由于学者不是一线教师，对体育教学的开放性和复杂性体会不深，因此，从整体上对教学作出全面的判断也存在一定的难度。

对体育教师的体育教学质量评价，应综合上述几种类型互为补充地开展与实施评价。

第五节　学校体育教学评价体系的创新与发展

一、体育教学评价的发展趋势

（一）科学化发展

体育教学评价的重要参考价值就在于能科学地反映体育教学的质量、效果，能给予师生良好的教学反馈，以便进一步完善后续教学。因此，体育教学评价将在体育教学中继续扮演重要角色和发挥重要作用，体育教学评价将更加科学化，这是发挥体育教学评价价值的重要前提。

就体育教学评价体系的构建来说，体育教学评价方法、内容、标准、主体等的选择和确定都应有一定的科学依据，体育教学评价应遵循体育教学的客观规律，以实现对不同教学对象、教学效果的科学评价。例如，每个年级的教学任务都有所不同，教师要作出整体教学评价，还应结合每个学生作出有针对性的具体评价；各年级的评价体系并不一致，要作好阶段性评价。无论针对何种对象的评价、如何实施评价，都应当注重科学性，如此才能提高教学质量和教学效果。

（二）创新性发展

随着现代体育教学改革对体育教学评价的重视，关于体育教学评价的相关研究越来越多，不断有新的体育教学评价方法与标准被提出来。这些新的体育教学评价方法与标准的执行，为进一步完善体育教学评价体系，反映体育教学过程和效果作出了贡献，有利于促进整个体育教学的发展。创新是体育教学评价的一个重要发展趋势。

（三）可操作性

任何体育教学评价要想做到评价的科学实施、发挥评价的效果，都要注重体育教学评价的可操作性，否则，再好的教学评价方法、内容、标准都只能成为一种空想，无法实施的教学评价没有任何评价意义。

体育教学的可操作性是体育教学评价实施的重要前提和基础，也是未来体育教学评价发展的不可改变的基本要求。

二、体育教学评价体系的创新、完善策略

（一）转变教学评价观念

体育教学是一个动态的发展过程，针对体育教学的评价也必然需要不断适应新时期时代与社会发展对体育教学的要求，更新与创新评价工作观念具有重要的现实意义。

（二）创新教学评价方法

体育教学过程是开放性的，体育教学评价过程也是一个复杂的过程，科学的教学评价需要多元化的评价指标和多种类教学方法的综合评价，如此才能作出全面、正确的评价。

（三）科学制定评价指标

在体育教学评价中，科学制定评价指标非常关键，科学的评价指标能确保体育教学评价的科学开展，否则就不能做到对评价对象科学、全面、客观的评价，不能真实地反映评价对象的教与学的情况。

科学制定教学评价指标，具体要求如下：① 在拟定教学评价指标时，以评价内容的内在逻辑结构为依据，认真分析，逐级和分层次分解教学评价指标。② 以个人或集体的经验为依据，对评价指标的重要性进行科学、正确的衡量，选择最佳评价指标。③ 教学评价实践过程中，观察体育教学评价标准是否科学、合理，如有不妥，应对评价指标作出及时调整。

（四）丰富教学评价主体

科学的体育教学评价必然是全面的体育教学评价，这种全面性要求在针对某一个教学个体和群体进行教学评价时，应尽可能多地选择教学评价主体，以更加全面地了解教学评价对象的体育教学方面的各种信息。

具体来说，在体育教学评价中，与体育教学相关的各身份都应该作为体育教学评价主体考虑，如教师、学生、学校领导、专家学者、学生家长等。

（五）丰富教学评价内容

高校体育教师应树立与时俱进的教学观念，丰富体育教学评价内容，注重对体育教学进行评价，推动体育教学评价工作的高效开展。

以对学生的体育学习评价为例。高校体育教师既要关注学生基础体育知识与相关技能的培养，还要通过体育训练，帮助学生树立科学的体育意识、体育价值观，完善学生人格，培养学生良好的体育习惯，帮助学生制订体育运动和健身计划，引导学生持续参与体育健身活动和体育学习，进而实现体育教学目标，凸显体育教学的价值。

（六）建立教学评价档案

每一次的教学评价对之后的教学改善都具有指导、参考、启发作用，为了更好的总结经验与教训，应做好评价归档工作。教师应为每个学生建立评价档案，学校在对教地进行评价时也要为每个教师建立评价档案。

（七）健全评价反馈和保障机制

要构建完善的体育教学评价体系，促进体育教学评价的科学化发展，就必须建立健全教学评价反馈和保障机制，不断提高体育教学评价的科学性与规范性。

首先，学校领导和相关部门应善于深入教学评价实践、总结经验，广泛听取师生意见和建议，及时收集和整理评价信息。

其次，应在体育教学评价反馈机制的基础上建立完善的评价监督机制，以便于引导、规范体育教学评价中各种参与者（包括评价者、被评价者、评价管理者）正常合理地进行各项工作，对教学评价中的各个环节进行监督和控制，避免利益、人情干扰，使整个体育教学评价更加客观、真实、有效。

参考文献

[1] 吉丽娜，李磊．高校体育教学与训练理论实践探究 [M]．北京：地质出版社，2017.

[2] 任婷婷．高校体育教学管理改革与模式构建 [M]．长春：吉林大学出版社，2017.

[3] 张路遥，蔡先锋．高校体育教学管理 [M]．长春：吉林出版集团股份有限公司，2017.

[4] 韩中著．高校体育教学改革研究 [M]．长春：吉林出版集团股份有限公司，2017.

[5] 王伟思．高校体育教学与科学训练 [M]．长春：吉林大学出版社，2017.

[6] 佟以宝，李岩．高校体育教学策略与实践 [M]．哈尔滨：东北林业大学出版社，2017.

[7] 肖宇翔．高校体育教学改革与发展 [M]．成都：四川大学出版社，2017.

[8] 臧荣海．高校体育教学与管理风格 [M]．哈尔滨：黑龙江教育出版社，2017.

[9] 周国龙．创新思维与高校体育教学 [M]．北京：民主与建设出版社，2017.

[10] 妥培兴，杨明川，颜胜兰．高校体育教学策略与实践 [M]．北京：九州出版社，2017.

[11] 张艳．高校体育教学与体育竞赛活动研究 [M]．北京：北京工业大学出版社，2018.

[12] 马鹏涛．高校体育教学改革创新与科学化训练研究 [M]．北京：新华出版社，2018.

[13] 周春娟．高校体育教学的影响因素分析与改革探索 [M]．青岛：中国海洋大学出版社，2018.

[14] 刘少华．高校体育教学中学生意外事故的善后处理与舆情对策研究 [M]．长春：

吉林文史出版社，2018.

[15] 宋军．高校体育保健课与体育教学 [M]．成都：四川大学出版社，2018.

[16] 曹宏宏．高校体育与健康课程教学实践改革研究 [M]．长春：吉林出版集团股份有限公司，2018.

[17] 畅宏民．我国高校体育拓展训练的教学体系构建与模式创新研究 [M]．沈阳：东北大学出版社，2018.

[18] 刘武军．高校体育教学研究 [M]．北京：现代出版社，2018.

[19] 刘景堂．高校体育教学改革研究 [M]．北京：中国纺织出版社，2019.

[20] 夏越．现代高校体育教学研究 [M]．北京：北京理工大学出版社，2019.

[21] 郝英．高校体育教学俱乐部的组织与设计 [M]．北京：九州出版社，2019.

[22] 陈轩昂．新时期高校体育教学的改革与发展 [M]．北京：航空工业出版社，2019.

[23] 谷茂恒，姜武成．高校体育教学评价体系吉林出版集团股份有限的构建 [M]．北京：航空工业出版社，2019.

[24] 张京杭．高校体育教学方法实践探索 [M]．北京：现代出版社，2019.

[25] 杨乃彤，王毅．高校体育教学创新及运动教育模式应用研究 [M]．北京：九州出版社，2019.

[26] 廖建媚．高校公共体育教学环境研究 [M]．厦门：厦门大学出版社，2019.

[27] 刘伟著．高校体育教育创新理念与实践教学研究 [M]．北京：九州出版社，2019.

[28] 常德庆，姜书慧，张磊．高校体育教学与运动训练研究 [M]．长春：吉林出版集团股份有限公司，2020.

[29] 欧枝华．新时期高校体育教学及其课程体系改革研究 [M]．北京：中国纺织出版社，2020.

[30] 朱海莲．普通高校特殊体育教育教学研究 [M]．杭州：浙江工商大学出版社，2020.

[31] 邱天. 高校体育创新思维的教学与实践 [M]. 厦门：厦门大学出版社，2020.

[32] 梁田. 高校民族传统体育教学模式的创新性研究 [M]. 长春：吉林人民出版社，2020.

[33] 邓翠莲，李东鹏. 高校体育教学创新研究 [M]. 北京：九州出版社，2020.

[34] 孙静著. 高校体育教学与训练研究 [M]. 北京：现代出版社，2020.